ALFRED BOISSIER, DR PHIL.

CHOIX DE TEXTES

RELATIFS A LA DIVINATION

ASSYRO-BABYLONIENNE.

VOL. II.

GENÈVE
HENRY KUNDIG, Éditeur,
11, Corraterie, 11.
1906.

Fascicule I.

ALFRED BOISSIER, Dʀ· PHIL.

CHOIX DE TEXTES

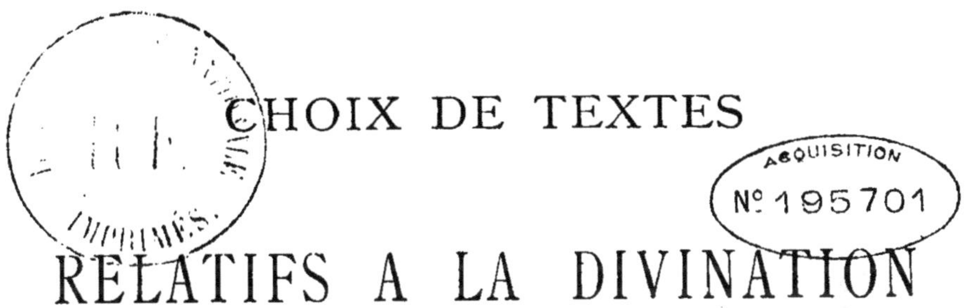

RELATIFS A LA DIVINATION

ASSYRO-BABYLONIENNE.

VOL. II.

GENÈVE

HENRY KÜNDIG, Editeur,

11, Corraterie, 11.

1906.

AVANT-PROPOS.

J'AI réuni dans la première partie de ce *Supplément* à mon *Choix de Textes Divinatoires* un certain nombre de documents que j'ai classés dans une seule et même série. Je ne voudrais pas affirmer d'une façon péremptoire, que ce classement soit absolument rigoureux, mais l'essentiel est, que cette nouvelle branche de la littérature augurale soit enfin abordée. Ceux qui l'étudieront après moi trouveront dans ce travail un guide qui les orientera rapidement dans le champ assez vaste de l'oniromancie. Comme je l'ai dit à plusieurs reprises, je ne pouvais songer à publier un travail définitif sur les textes divinatoires ; je me suis proposé avant tout de donner une vue d'ensemble de la mantique assyro-babylonienne. Afin de ne point retarder indéfiniment la publication de ce fascicule, j'ai réservé pour le suivant la liste des corrections et des additions, qui concernent le premier volume. M. Virolleaud, avec une extrême obligeance dont je lui suis très reconnaissant, m'a communiqué un grand nombre d'observations et de corrections, dont je tiendrai compte dans la suite de ces recherches. Il m'a en outre signalé un petit monument de Tello (musée de Constantinople, No. 1486) qui concorde avec celui que j'ai traduit dans ma *Note*[1] *sur la nouvelle publication des textes divinatoires du British Museum*, p. 14. Le Catalogue de M. Bezold m'a rendu comme toujours d'inappréciables services. J'exprime ici ma gratitude à M. Budge qui m'a autorisé à examiner un certain nombre de tablettes, sur lesquelles je reviendrai

---

[1] Lire Recto de Bu 88-5-12, 591 (*C. T.*, IV), l. 6, *ma-ar-tum* : vésicule biliaire ; le texte de Constantinople complète heureusement celui du British Museum.

s'il y a lieu. Quant aux textes qui font spécialement l'objet de ce petit travail, ils ont été copiés il y a plusieurs années et n'ont pu être collationnés. Cependant en examinant de près mes copies, j'ai vu qu'elles pouvaient être communiquées sans crainte et qu'elles jetaient une certaine lumière sur une des plus intéressantes branches de la divination babylonienne. Je crains que ceux qui s'imaginent, que lorsque les documents du British Museum seront publiés dans leur intégralité, ils auront soudain la clef de tous les mystères de l'haruspicine chaldéenne, ne soient cruellement désillusionnés. Mieux vaudrait pour eux attendre, que tous les tells de la Mésopotamie soient entièrement fouillés avant de se lancer dans des recherches arides et souvent stériles. J'avoue pour ma part n'avoir aucune parcelle de cette prudence et de cette patience méritoire. Si imparfaits qu'aient été les matériaux que j'ai tenté de réunir et dont je voudrais avoir tiré le meilleur parti possible, ils ont rempli le but que je m'étais proposé.

LE RIVAGE près GENÈVE.
Mars, 1906.

CHOIX DE

TEXTES RELATIFS A LA DIVINATION
ASSYRO-BABYLONIENNE.

TEXTES ONIROMANTIQUES.

Comme l'a fait remarquer M. Bouché-Leclercq dans son *Histoire de la divination*, Tome I, p. 321, la divination par les songes est une science encyclopédique, elle s'associe de très près aux autres branches de l'art mantique, et ses interprètes doivent par conséquent posséder des connaissances universelles. Les Babyloniens, eux aussi, l'avaient largement pratiquée, et, ils nous ont laissé une foule de documents, qui nous révèlent les diverses ramifications de cette science, l'iatromantique, la nécromancie, la divination tératoscopique, etc., tout ce que l'homme peut tirer de ses rêves, "lorsque l'essaim des songes vrais ou trompeurs s'en va errer autour des maisons." Il est assez rare, que dans les textes que je vais passer en revue et dont je ne donnerai le plus souvent qu'un extrait suffisant, il soit expressément fait mention de songes ; cependant le contexte souvent ne laisse aucun doute à cette égard et il est très probable, que plus d'un document qui m'aura échappé, devrait être classé dans la catégorie des textes oniromantiques. C'est ainsi que K. 25 publié DA., p. 27 (corrections dans mon *Choix de Textes*, p. 261) exige, qu'on restitue au commencement des phrases : Si une personne songe, qu'elle fait telle ou telle chose, etc. En voici le sens approximatif. Pour ce qui est de 𒁹 je transcrirai par *šumma* pour éviter la répétition fastidieuse de 𒁹 d'autant plus, que les arguments qu'on a avancés contre *šumma* ne m'ont pas convaincu. Voir mon *Choix de Textes*, p. 115, note 281. Pour ce qui est de 𒇽 je transcrirai par *NA* ; la transcription *amêlu* n'étant pas absolument sûre.

A

TRANSCRIPTION ET TRADUCTION.

1. *Šumma kunukka na-ši ina ašri-šu*
s'il porte un cachet, de son territoire il sera ?

2. *Šumma ṣumba na-ši ṣummerat libbi-šu*[1] *ikaššad-(ád)*
s'il porte un char, il obtiendra les désirs de son cœur

3. *Šumma makalta (?) na-ši ṣummerat libbi-šu ikaššad-(ád)*
s'il porte une coupe (?), il obtiendra les désirs de son cœur

4. *Šumma masabba na-ši ma-mit ugallat-su*
s'il porte un brasier, *mamit* le terrorisera

5. *Šumma gišimmara ra-kib-ma sissinna na-ši du-ri lib-bi immar-(mar)*
s'il monte sur un palmier et qu'il porte une spathe, il verra le repos du cœur

6. *Šumma gišimmara kîma sissinna na-ši da-la-a irakab*
s'il porte un palmier comme une spathe, il montera sur un — ?

7. *Šumma ma-mit na-ši tib tu-ba-a-ti*
s'il porte un *mamit*, irruption des *tubâti*

8. *Šumma sa-ri-ri-i*[2] *na-ši ma-mit NA immar*
s'il porte un lit (?), l'homme verra *mamit*

9. *Šumma kip-pa-a ki-sa-li-ti it-ta-na-suk gi-ri-e di-nim*
s'il jette les *kippâ* de la *kisalitu*, contestation du jugement

10. *Šumma GARZU. IŠ im-me-lil gi-ri-e di-nim*
s'il frotte un — ?, contestation du jugement

11. *Šumma qašta im-me-lil gi-ri-e di-nim*
s'il frotte un arc, contestation du jugement

---

[1] Transcrire peut-être simplement *zumiratušu*, comme K. 2018*a* + S. 477 + S. 544 ou *zumiratišu*, comme K. 4001.

[2] Voir pour ce mot ma *Note sur les Textes Divinatoires du British Museum*, p. 11.

12. *Šumma qašta u-mal-li gi-ri-e di-nim*
s'il tend un arc, contestation du jugement

13. *Šumma qašta id-da-na-gal kišitti qâti iši-(ši)*
s'il examine un arc, il aura du butin

14. *Šumma qašta na-ši kišitti qâti iši-(ši)*
s'il porte un arc, il aura du butin

15. *Šumma qašta na-ši-ma it-ta-na-suk nisiḫ qâti iši-(ši)*
s'il porte un arc et (le) laisse tomber, il sera dépouillé

16. *Šumma qašta na-ši-ma qašat-su šabir-(ir) ṣummerat libbi-šu lâ ikaššad-(ád)*
s'il porte un arc et que son arc se brise, il n'obtiendra pas les désirs de son cœur

17. *Šumma pitpâna iš-qul kišitti qâti iši-(ši)*
s'il soupèse un arc, il aura du butin

18. *Šumma aš-qu-la-lu iš-qul kišitti-(ti) qâti iši-(ši)*
s'il soupèse un *ašqulalu*, il aura du butin

19. *Šumma UT . TAG . GA na-ši NA šuâtu sûqi ali-šu šal-meš ittiq-(iq)*
s'il porte un — ?, cet homme dans la rue de sa ville en sûreté marchera

20. *Šumma ina qani maḫiṣ-(iṣ) manzala ša mê i-maḫ-ḫar*
s'il frappe avec un roseau, il rencontrera un courant (?) d'eau

21. *Šumma kap-pi šakin-ma ittanapraš-(aš) išdi-šu lâ ikân ana kidini limutti-šu iššakin-ma damiqti-šu ezzib-šu*
si des ailes il a et qu'il prend son vol, son fondement ne sera pas stable, pour le client son malheur sera et sa faveur l'abandonnera

22. *ana muškeni šulputta iš-te-'-ma mâḫir-šu šimat-su ileqqi-(qi)*
pour le serf il cherchera sa ruine et son adversaire prendra son bien (?)

23. *Šumma kap-pi šakin-ma ittanapraš-(aš)-ma ina irṣitim (ašri)*
    izziz-ma tebâ-(a) là ZU (?) . E

    s'il a des ailes et qu'il prend son vol et que vers la terre il
    se tient et qu'il ne peut [1] (sait) s'élever

24. *išdi-šu là ikân ina an-ni išdi-šu ikân*

    son fondement ne sera pas stable, dans le cas affirmatif son
    fondement sera stable

25. *Šumma it-bi-ma ip-pa-riš [2] ana kidini damiqti-šu ana muškeni*
    limutti-šu ezzib-šu

    s'il se lève et qu'il s'envole, au client sa faveur (son bonheur),
    au serf son malheur l'abandonnera

26. *. . . . . ašri-šu na-du-u ina ašri-šu uṣṣi nipḫa immar-(mar)*
    imât-ma marṣu ibaluṭ-(uṭ)

    . . . . . son lieu où il est placé de son lieu il sort, il verra la
    consomption et le malade vivra

27. *[Šumma it-ta]-nap-raš ŠA . TUK mešri-šu muškenu limutti-šu*
    ezzib-šu

    [s'il] vole çà et là, le fortuné sa fortune, le serf son malheur
    l'abandonnera

Au commencement du Verso sont indiqués les présages pour
celui qui se voit entraîné vers les cieux, autant que je puis juger.

VERSO.

13. *Šumma ana irṣitim û-rid imât-ma ina irṣitim ul qi-bir*
    iš-da . . . . .

    si dans la terre il descend, il mourra et dans la terre il ne sera
    pas enterré . . . . .

14. *Šumma ana irṣitim û-rid-ma mîtûte innamrû ûme-šu ikirrû*
    ni . . . . . .

    si dans la terre il descend et que des morts sont vus, ses jours
    seront courts . . . . .

---

[1] *SU* est douteux.
[2] Pour ce genre de rêves voir Artémidore, *Onirocrit*, Livre I, Chapitre IV.

15.   *ina kimti-šu*
dans sa famille

16. *Šumma X-ma mîtûte innamrû NA šuâtu utukku limnu* . . . .
si "idem" et que des morts sont vus, cet homme le méchant
utuk . . . . .

17. *NA ina šutti taḫ-si-sat ilâni šaḫluqtu* . . . . .
l'homme en rêve les desseins des dieux la destruction . . . . .

18. *Šumma X-ma mîtu innamir tebi-(bi) limut[tim]* . . . . .
si "idem" et qu'un mort est vu (apparaît), irruption du
malheur . . . . .

19. *Šumma X-ma mîtûte iz-zu-ru-šu ina pî ili kar-ab-šu ûme* . . . .
si "idem" et que des morts le maudissent, par l'ordre du
dieu qu'il honore ses jours . . . . .

20. *Šumma X-ma mîtûte ikrubû-šu ina irṣitim la iq-[qi-bir]*
si "idem" et que des morts le saluent, dans la terre il ne
sera pas enseveli

21. *Šumma X-ma mîtûte iḫ-du-šu mešrû i-qal-lil ilabbi[n]*
si "idem" et que des morts se réjouissent à cause de lui, la
fortune diminuera, tombera.

22. *NA šuâtu imât-ma ina irṣitim al-du ul iq-qi-bir*
Cet homme mourra et dans la terre où il est né, il ne sera
pas enseveli

23. *Šumma X-ma mîtu uš-kin-šu imât-ma ina irṣitim lâ inâl-(al)*
si "idem" et qu'un mort se prosterne devant lui, il mourra
et dans la terre il ne reposera pas

24. *Šumma X-ma mîtu ikrub-šu ina miqitti-(ti) igari imât*
si "idem" et qu'un mort le salue, il mourra dans l'effondre-
ment d'un mur

25. *Šumma X-ma mîtu iš-šiq laqit (?) ṣi-e-ti imât*
si "idem" et qu'un mort il embrasse,[1] il mourra emmené par
la maladie du *ṣetu*

26. *Šumma X-ma mîta îkul laqit (?) miqitti-(ti) uri imât*

---

[1] Artémidore, *Onirocrit*, Livre II, Chapitre II: Νεκροὺς δὲ καταφιλεῖν δοκεῖν
νοσοῦντι μὲν ὄλεθρον μαντεύεται, etc., etc.

Remarques.

L. 1. 𒂍 𒀀 verbe inconnu, avec 𒀀 complément phonétique.
L. 3. Faut-il lire 𒁹 𒀝 𒂍 = *makaltu* (Zimmern, *Ritualtafeln*)?
L. 4. *masabbu*, Zimmern, *Ritualtafeln*, 94, 4. 𒌍 = *galâdu*,
Jensen, *K.B.*, VI, 34, note 3. L. 5. *duri* = chaumière, abri, gîte,
Choix de Textes, 193, l. 31; Del., *H.W.*, p. 214; mais que signifie
duri dans Hunger, *Becherwahrsagung*, p. 42, l. 26? L. 9. *kisalitu*
singulier de *kisalâte*, Del., *H.W.*, 343. L. 20. Y-aurait-il une
allusion à la baguette divinatoire, qui sert à découvrir les eaux
souterraines? L'usage de la baguette divinatoire remonte aux
temps les plus anciens. Voir à ce sujet la monographie de
Chevreul, *De la Baguette Divinatoire, du Pendule Dit Explorateur*,
Paris, 1854. 𒀭 = *man-za-lu*, *C.T.*, XI, 25, l. 14 et 27, Verso de
93033. On peut comparer les passages l. 21–l. 27 de notre document au chapitre d'Artémidore *Onirocrit*, Liv. II, ch. 68: Περὶ
πτήσεως. L. 22. 𒌍 𒈨 = *šimtu*, Brünnow, 7499. J'ignore le
sens. Verso. M. Virolleaud en a traduit la fin dans la *Revue
Sémitique*, Juillet, 1904, p. 275. L. 20. 𒅗 = *karâbu* saluer
à la manière orientale, en portant la main à la bouche, comme nous
l'enseigne cet idéogramme composé. L'on sait par Esaïe, lxv, 4,
que les diseurs de sorts passaient la nuit dans les cimetières pour
avoir des oracles; le double du mort venait de temps en temps
visiter son tombeau (*Revue Sémitique*, Janvier, 1906, p. 64). Pour
l'apparition du double, voir K. 2604. "Si un homme (voit) les mânes
de son père." Voir aussi Bouché-Leclercq, *Histoire de la Divination*,
Tome I, p. 290.

K. 8339.

1. 𒑐 ...
2. 𒑐 ...
3. 𒑐 ...
4. 𒑐 ...
5. 𒑐 ...

6. 𒁹 ...

7. 𒁹 ...

8. 𒁹 ...

9. 𒁹 ...

10. 𒁹 ...

11. 𒁹 ...

Transcription et Traduction.

1. *Šumma suluppi ina qaqqadi-šu na-ši i-dir-tu*
   si des dattes sur sa tête il porte, détresse

2. *Šumma ḪA . SE ina qaqqadi-šu na-ši nimela iši-(ši)*
   s'il porte du *ḫašum* sur sa tête, il aura du profit

3. *Šumma šadam ina qaqqadi-šu na-ši šanina lâ iši-(ši)*
   s'il porte une montagne sur sa tête, il n'aura pas de rival

4. *Šumma ṭâbta ina qaqqadi-šu na-ši epiš bîti-šu ZU ú-sa-ḫar*
   si du sel sur sa tête il porte, celui qui a construit sa maison
   le —?

5. *Šumma ṭâbtu a-su-ri bîti-šu e-? zi?-šu ZU i-qi-bir*
   si du sel le mur de fondation de sa maison -? -? le? sera
   enseveli

6. *Šumma ṭâbta na-ši amâte-šu ú-šam-za-qu-šu*
   si du sel il porte, ses paroles lui feront du tort

7. *Šumma ina sûqi šîra na-ši šîru šuâtu lâ iṭâb*
   si dans la rue de la viande il porte, cet augure n'est pas
   heureux

8. *Šumma ina sûqi še-am na-ši eli bêl amâti-šu izzaz -(az[1])*
   si dans la rue du blé il porte, il dominera son contradicteur

---

[1] Hunger, *Becherwahrsagung*, p. 56, l. 62.

9. *Šumma ina sûqi šikara na-ši libbi-šu iṭâb*

   si dans la rue de la boisson fermentée il porte, son cœur sera heureux

10. *Šumma ina sûqi riqqa na-ši na-za-qu iššakin-šu*

   si dans la rue de la verdure il porte, nuisance lui sera réservée

11. *Šumma ina sûqi mê na-ši limutti-šu ippaṭir*

   si dans la rue de l'eau il porte, son malheur disparaîtra

Remarques.

L. 5. *asuri*, Meissner, *Supplem.*, p. 13. L. 6, *ušamzaqušu*, III₁ de *nazâqu*, très fréquent dans les omina, Del., *H. W.*, 457; Jensen, *KB*, VI, 475. Pour ne citer que quelques exemples, DA., 215, l. 13, *ú-ša-za-ku-šu*; l. 15, *ú-ša-an-zaq*. K. 32, 〈cunéiforme〉 *aššat NA û-mi-šam-ma mut-ṣa ú-ša-zaq* : l'épouse de l'homme perpétuellement (journellement) son époux fera souffrir. Voir aussi K. 2050, Verso, l. 17.

A propos de *ṭâbtu* sel, il faut citer K. 749, publié DA., p. 186, publié et traduit par Thompson, *Astrological Reports*, p. xci, où il est question d'un monstre mis au monde par une truie et qu'on conserve dans du sel. L'usage de ces collections tératologiques chez les Babyloniens est à retenir. La forme verbale *an-ṭi-ṭi-il* (*aṭṭiṭil*) fait supposer un verbe *naṭâlu* (forme I₂) = *naṭâru* (le changement de *l* et *r* est connu) = נטר, garder, conserver. L. 10, *riqqu*, voir à ce sujet, Jensen, *K.B.*, VI, 444 et Thureau-Dangin, *Z.A.*, XVIII, p. 128, note 9. J'ai le regret de n'avoir pas pu saisir le sens de la fin des lignes 4 et 5. Mentionnons en passant 79–7–8, 103 (voir le catalogue).

1. *Šumma ib-ri u tap-pi-e ṣabit-(it)-ma* . . . . . .

   si un ami et un camarade il saisit et . . . . . .

2. *Šumma kit-ti u sar-ti ṣabit-(it)-ma* . . . . .

   si la vérité et le mensonge il saisit et . . . . .

3. *Šumma ka-bit-ti u qal-la-ti ṣabit-(it)-ma* . . . . . .

   si ce qui est lourd et ce qui est léger il saisit et . . . . .

4. *Šumma aba u umma ṣabit-(it)-ma* . . . . .

   si père et mère il saisit et . . . . .

5. *Šumma aḫa u aḫâta ṣabit-(it)-ma* . . . . .
si frère et sœur il saisit et . . . . .

6. *Šumma mûdâ u la mûdâ ṣabit-(it)-ma* . . . . .
si le savant et l'ignorant il saisit et . . . . .

K. 9038.

(d'après une copie aimablement communiquée par Pinches).

Col. II.[1]

1.

2.

3.

4.

5.

6.

7.

8.

9.

10.

11.

12.

13.

14.

15.

16.

17.

---

[1] La colonne I n'a guère que la fin des lignes.

[2] Pinches a mis en marge leçon préférable à .

[3] Presque certain.

18. [cuneiform]

19. [cuneiform]

20. [cuneiform]

TRANSCRIPTION ET TRADUCTION.

4. *Šumma libitta [na-ši]* . . . .
   s'il porte une brique . . . . . .

5. *Šumma iddâ n[a-ši]* . . . .
   s'il porte de la poix . . . .

6. *Šumma tir-ti šu'i na-ši-ma* . . . .
   s'il porte l'organe fatidique du mouton et . . . . .

7. *Šumma tirti libbi-šu na-ši-ma* . . . .
   s'il porte l'organe fatidique de son intérieur et . . . . .

8. *Šumma tirti libbi-šu na-ši-ma ú-ša-?* . . . .
   s'il porte l'organe fatidique de son intérieur et . . . . .

9. *Šumma ḫa-ṣi-na na-šima ki* . . . .
   s'il porte une hache et . . . .

10. *Šumma ḫa-ṣi-na naši-ma ana sûqi ûṣi na* . . . . . .
    s'il porte une hache et vers la rue il sort . . . . .

11. *Šumma X-ma bîta ip-pul* . . . .
    si "idem" et qu'une maison il détruise . . . .

12. *Šumma X-ma TIG . GAR-ri biti ip-pul a-bu-us-su* . . . . .
    si "idem" et que la clôture (?) de la maison il détruise, sa
    volonté . . . . .

13. *Šumma X-ma bâba ip-pul ṣa-bit* . . . .
    si "idem" et que la porte il détruise, prise (?) . . . . .

14. *Šumma X-ma bît ili ip-pul ṣa-bit* . . . .
    si "idem" et que la maison du dieu il détruise, prise . . . . .

15. *Šumma X-ma parakka ip-pul ṣa-bit* . . . .
    si "idem" et qu'un sanctuaire il détruise, prise . . . . . .

16. *Šumma X-ma mimma ka-la-ma ú-šal-pit dan-nu eli* . . . . .

    si "idem" et que quelque chose entièrement il ruine, l'infortune sur (?) . . . . .

17. *Šumma X-ma dûra ana na-pa-li eli NA šuâti dan-nu* . . . . .

    si "idem" et qu'il monte pour détruire la muraille, sur cet homme l'infortune . . . . .

18. *Šumma X-ma dûra ikkis-(is) aṣû* . . . .

    si "idem" et que la muraille il coupe, sortie . . . . .

19. *Šumma X-ma ana ṣêri il-lak* . . . .

    si "idem" et que vers la plaine il se rend . . . . .

Remarques.

L. 11. *ippul* de *napâlu* (*nabâlu*), au passé, ailleurs on a le présent *illak*, l. 19. L. 12. ⬚⬚⬚ = *napḫaru* et *napḫaru = uppi* (V R. 31, No. 3, 5), et *uppu* = ceinture (Jensen, *K.B.*, VI, 392) ; donc ce qui entoure, ceint, protège la maison dans notre document. L. 17. *dannu*, peut-être comme *dannatu*, infortune, détresse. Nous retrouvons un texte analogue dans *C.T.*, XX, Plate 3. K. 7248, qui ainsi que je l'ai fait remarquer dans ma *Note sur les Textes Divinatoires du British Museum*, p. 1, donne les présages pour celui qui porte diverses choses, une pierre, un couteau, un petit homme, un croissant (⬚⬚), un disque (⬚⬚), un *parṣu* (⬚⬚) ; ce dernier est sans doute un emblème religieux malgré que dans *B.A.*, III, 250, l. 2, on le traduise par sanctuaire. Un passage de III R. 55, No. 5, obv. 58, dit qu'on doit offrir à Istar un ⬚⬚ : *ana ilu Ištar* ⬚⬚ [*lik-ru-ub*],[1] et à propos de l'offrande des disques et croissants, lire l'intéressant article de Hilprecht, *Z.A.*, VIII, p. 193. Un document astrologique mentionne les phénomènes relatifs aux disques, qu'on peut observer certains mois, K. 213, publié *D.A.*, p. 201. Nombreux et variés sont les actes que l'homme exécute en rêve et les documents n'en négligent aucun ; l'art consommé des devins les empêche de rester court et leur permet de se débrouiller sans effort au milieu de ce chaos de visions plus ou moins troublantes, quand elles ne sont pas purement répugnantes. Parmi les textes importants de la grande série : Si une ville est située sur une hauteur,

---

[1] Voir K. 3769, l. 8, publié par M. Virolleaud.

il faut signaler K. 2685 + K. 3762, publié en partie, III R. 56, No. 5, dont voici un extrait.[1]

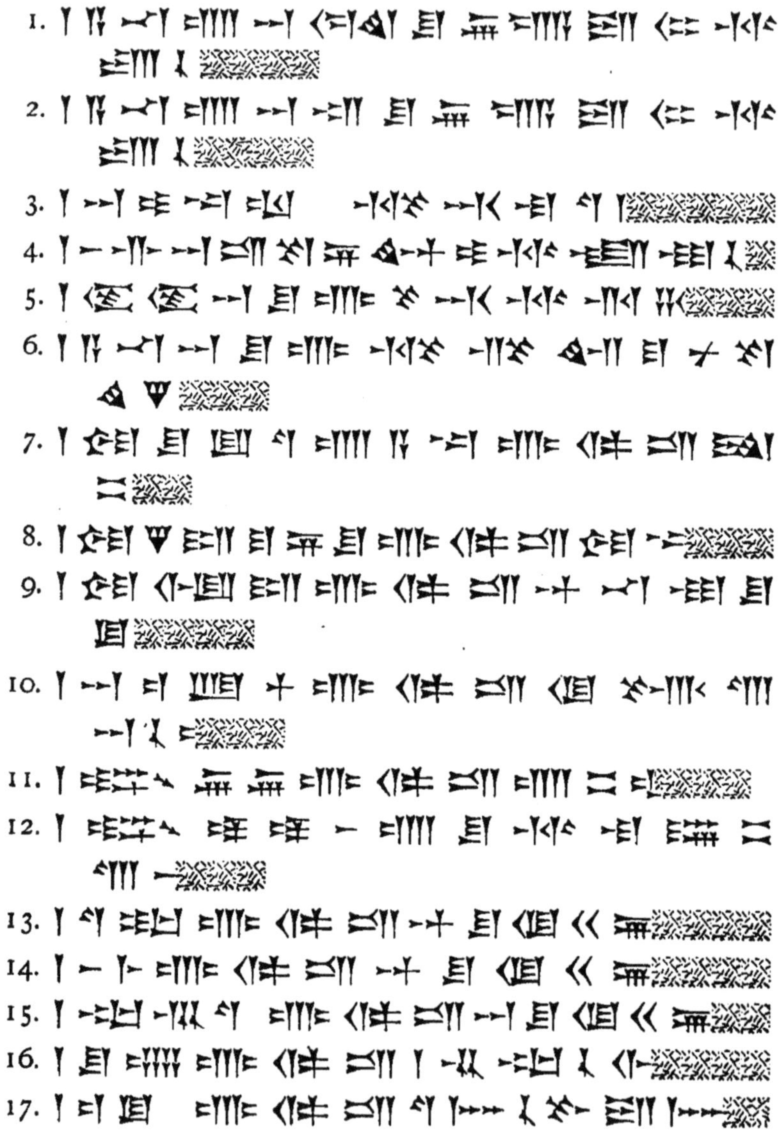

[1] Je réclame une indulgence spéciale pour ce texte, copié rapidement, il y a quelques années et que je n'ai pu revoir.

18. 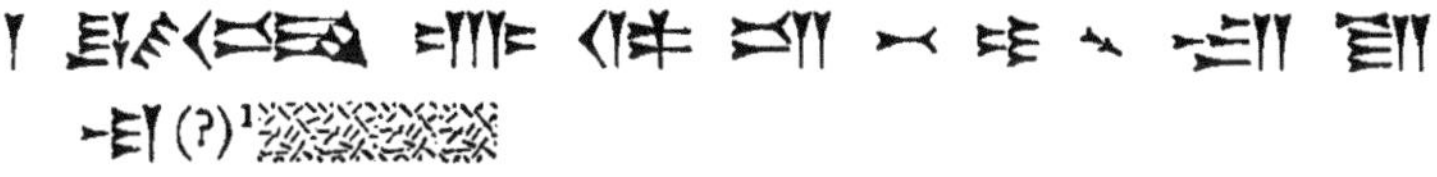

19. 

20. 

21. 

Transcription et Traduction.

1. *Šumma a-na bît ištâri-šu sa-dir da-mi-iq-ta-šu* . . . . .
   si vers la maison de sa déesse il se rend, sa faveur . . . . .

2. *Šumma a-na bît ili ali-šu sa-dir da-mi-iq-ta-šu* . . . . .
   si vers la maison du dieu de sa ville il se rend, sa faveur . . .

3. *Šumma ila i-ba-al balâṭam ut-*[*ta*]
   si le dieu il maudit (?), la vie il trouvera

4. *Šumma aš-rat ili iš-te-ni-'-i ik-li-tu ŠU* . . . . .
   si le sanctuaire du dieu il recherche, l'obscurité le recouvrira (?) . . . . .

5. *Šumma niqê ili-šu ú-še-ti-iq dal-ḫa* . . . .
   si les sacrifices de son dieu il laisse passer, trouble . . . . . .

6. *Šumma a-na ili-šu u-nam-zi-im-ma lâ iṭḫi-*(*ḫi*) *ša* . . . . .
   si à son dieu il — ? et qu'il n'atteint pas . . . . .

7. *Šumma mimma šu-lu-tam bîti a-ba ú-di-iš it bi* . . . . .
   si quelque chose d'emporté (?) de la maison du scribe il répare, ? . . . .

8. *Šumma mimma ša ra-ma-ni-šu ú-di-iš mimma* . . . . .
   si quelque chose à lui personnellement il répare, tout . . . . .

9. *Šumma mimma labira ú-di-iš an-na-tu šu ku* . . . . .
   si quelque chose de vieux il répare, ? . . . . .

10. *Šumma ilu Gilgameš ú-di-iš qi-ṣir libbi ili* . . . . .
    si le dieu Gilgamos il répare, la colère du cœur du dieu . . .

[1] La fin de cette phrase est très peu sûre.

11. *Šumma DIM SA . SA ú-di-iš bîtu šuâtu ?* . . . . .

 si le — ? il répare, cette maison . . . . .

12. *Šumma DIM TUR . TUR ina bîti-šu ik-la amêlu šuâtu libbi* . . . . .

 si le — ? dans sa maison il enferme (?), cet homme (son) cœur . . . . .

13. *Šumma azkara ú-di-iš ili-šu ki-niš ir* . . . . .

 si un croissant il répare, son dieu fidèlement le . . . . .

14. *Šumma AŠ(DIL) . ME ú-di-iš ili-šu ki-niš ir* . . . . .

 si un disque il répare, son dieu fidèlement le . . . . .

15. *Šumma ka-kab-tu ú-di-iš ili-šu ki-niš ir* . . . . .

 si une étoile il répare, son dieu fidèlement le . . .

16. *Šumma šurinna ú-di-iš ana bêl amâti-šu lim* . . . . . .

 s'il répare un ornement (emblème), à son contradicteur malheur ? . . . . .

17. *Šumma kakka ú-di-iš ûme-šu erikkû*

 s'il répare une arme, ses jours seront longs

18. *Šumma ṣalma ú-di-iš kidinu i-kam kuš-ša la ?* . . . . .

 s'il répare une image, le client ? ? . . . . .

19. *Šumma in-da ú-di-iš zu-mi-ra-tuš-[šu ikaššad]*

 s'il répare une colonne, ses désirs il obtiendra

20. *Šumma parakka ú-di-iš arnu* . . . . . .

 s'il répare un sanctuaire, la faute . . . .

21. *Šumma ib-ra-tam ú-di-iš arnu* . . . . .

 s'il répare une chambre, la faute . . . . . .

Remarques.

L. 3. *bâlu*, mentionné Del., *H. W.*, 162, et Meissner, *Supplem.*,
p. 21, ne peut être notre verbe. J'y verrai plutôt le *bâlu*,[1] éthiopien
(arabe), qui signifie à la première forme : maudire et à la huitième :

---

[1] በዐለ.

supplier, implorer.   L. 6. *u-nam-zi-im-ma*; dans les passages cités par Delitzsch, Meissner, Muss-Arnolt, je serais porté à voir dans *lu-u-ša-az-zi-im-šu* le verbe *nazâzu* également employé avec *tabrâti* (Del., *H. W.*, p. 184), c'est-à-dire, *lu-u-ša-az-zi-iz-šu*. De même *u-naz-zi-iz-ma*. Cependant *u-nam-zi-im* peut aussi venir de *nazâmu* (*unazzim*), qui IV² R. 51, Col. II, l. 20, indique peut-être quelque chose de fâcheux, blasphémer ou souiller; j'avoue ne pouvoir me prononcer.   L. 16. *šurinnu*, comme l'a montré, M. Thureau-Dangin, signifie emblème; par extension sans doute: signe de ralliement, mât, etc.   *O.L.Z.*, 15 Juillet, 1905, p. 271, mentionne des *šurini* qui brillent comme le jour.   Lehmann, Šamaš-šum-ukîn, p. 21, l. 5 et l. 6, montre que le *šurinnu* se dressait devant les temples (Gudea B, XVI, 11, traduction Thureau-Dangin), vers la porte et était recouvert d'or et d'argent.   Voir Del., *H.W.*, Muss-Arnolt et Jensen, *K.B.*, VI, p. 530, qui traduit par pilier.   Thompson, *Astrological Reports*, No. 182, Reverse 2; les *šurinnu* du pays seront détruits.   III R. 56, No. 5, qui fait partie du texte traduit plus haut ne nous retiendra pas longtemps.

57. *Šumma NA iš-tu araḫ Nisanni ûmu I kan adi araḫ Adari ûmu 30 kan KUN.SAG ú-na-kir*[1]

   si un homme depuis le mois de Nisan, premier jour jusqu'au mois d'*Adar* trentième jour détruit (transforme) un —?

58. *amêlu šuâtu imât-ma šikitti-šu iṣaḫḫir*

   Cet homme mourra et son établissement diminuera

59. *Šumma KUN.SAG KUN.SAG ú-na-kir*[1] *amêlu šuâtu ub-bu-tam illak-(ak)*

   si un —? d'un —? (ou des —?) il transforme, cet homme s'en ira dans la ruine

60. *Šumma ibratam unakir ilu ûmešam NA a-di ša lâ bašî i-rid-di*[2]

   si une chambre il transforme, le dieu journellement poursuivra l'homme jusqu'à ce qu'il ne soit plus.

Remarques.

Il faut probablement comprendre ainsi le commencement du § précédent, l. 42: Si un homme depuis le mois de Nisan jour? jusqu'au mois? jour? restaure (*ú-diš*) telle ou telle chose, etc. etc.

---

[1] *Sic !*
[2] Voir aussi K. 10400, publié par M. Virolleaud.

L. 57. ⸻ apparaît aussi dans K. 2163 où il est prédit ce qui doit arriver à celui qui restaure une maison (*Šumma* (𒁹) *bîta-šu uddiš* (⸻)), qui coupe une poutre (*Šumma* ⸻ *ikkis-(is)* (⸻)), etc. D'après *D.A.* 100, l. 11 (K. 106), ⸻ signifie chambre, compartiment, comme *ibratu*, auquel il est associé dans K. 2163. Voir aussi Sm. 1728. Ce sens est corroboré par celui que M. Thureau-Dangin a donné à ⸻, *Z.A.* XVIII, p. 130, note 2. K. 106 (ll. 5–7 correspond à ll. 53–55 de IV² R 33*, Col. III), publié DA., p. 100, renferme des prédictions au roi, comme le montre l'extrait suivant:

5. *Šumma ina araḫ Nisanni šarru mâti lu bît ili êpuš-(uš) lu aširta ud-diš*

 si dans le mois de Nisan le roi du pays soit la maison du dieu soit un temple il restaure

6. *lu qîšta ana ili iddin lu aqîta iškun.*

 soit un don au dieu il donne, soit une fête il institue (célèbre)

7. *lu urubâtum iškun* [1] *su-pi-e mâti-šu*

 soit des déprédations il commet, les prières de son pays

8. *a-na lib-bi ili ibaši*

 au cœur du dieu seront (littéralement : sera)

9. *Šumma ina araḫ Šabâṭi ilâni bêlê salimi-(mi)-šu*

 si c'est au mois de Schebaṭ, les dieux souverains seront ses secoureurs

10. *Šumma ina araḫ Adari šarru nakri-šu is* . . . . . .

 si c'est au mois d'Adar, le roi son ennemi . . . . .

11. *Šumma ina araḫ Nisanni lu suk-ki lu KUN . SAG · GA lu* . . . . .

 Si dans le mois de Nisan soit une chapelle soit un — ? soit . . . . .

12. *lu bît ili uddiš-(iš)* [2] *NA šuâtu ûme* . . . . .

 soit un temple il restaure, cet homme (ses) jours . . . . . .

---

[1] ⸻ est peut-être fautif, au lieu de ⸻.

[2] ⸻ et aussi l. 18.

13. *Šumma ina araḫ Šabâṭi ina lib-bi ili-šu ana damiqti-(ti) ibbalkit -(it)*

> si c'est au mois de Schebat, dans le cœur de son dieu en faveur il montera

14. *Šumma ina araḫ Adari mimma*[1] *mala ut-tu-ú iššakan-šu*

> si c'est au mois d'Adar, tout ce qu'il désire lui sera attribué

Remarques.

Le commencement de K. 106 peut se restituer avec plus ou moins de certitude, grâce à IV² R. 33, Col. IV, l. 5 et l. 6 et IV² R. 33*, Col. III, l. 50 et l. 51 (même texte, Rm. 2, 125, Catalogue):

1. [[signes cunéiformes]] *lu ila šul-pu-tam ud-diš NA šuâtu ilabar-(bar)*[2]

1. Si dans le mois de Nisan, soit son dieu, soit sa déesse, soit un dieu détruit[3] il répare, cet homme deviendra vieux.

3. [si c'est au mois de] Schebat ([signe]), il deviendra vieux (*ilabar-(bar)*) son nom en faveur ? ? ? ?

4. si c'est au mois d'Adar, tout ce qu'il désire il obtiendra (*mala u-za-ma-ru ikaššad-(ád)*).

Ll. 15–17 pronostics pour le cas où le mets (sacré) est présenté au dieu dans les trois mois indiqués (*šumma kurmat-su ana ili-šu iškun-(un)*); l. 18, s'il répare un sanctuaire (*parakka* [signes] *sic!* *uddiš*); l. 20, s'il prend femme au mois de Schebat, son cœur sera heureux; l. 22, si son épouse entre au mois de Schebat dans sa maison, son cœur sera heureux. Au Verso les trois colonnes énumèrent pour les mois de Nisan et de Schebat (l. 15), 6 jours, et pour Adar 11 jours heureux [signes cunéiformes] = favorable (*mitgâru*). [signes cunéiformes] = allégresse et [signes cunéiformes] d'après II R. 20, 1c paraît indiquer l'abondance, l'amas, l'affluence de

---

[1] [signe] plutôt que [signe]; l. 1, [signe] sans doute au lieu de [signe]; l. 2, au lieu de [signe] lire peut-être [signe].

[2] La phrase telle que je la restitue est trop longue et il est évident, que sur l'original elle ne renfermait pas autant de signes.

[3] Ailleurs on a "*ilâni-šu šul-pu-tu-ti.*"

biens; *ṣabâru* comme צבר = amasser. K. 106, rentre dans la catégorie des documents, dont l'étude a été brillamment inaugurée par Lotz, et qui sont publiés IV² R. 32, 32 et 33*. La quatrième colonne de ce dernier, dont nous donnons un extrait, énumère les divers incidents omineux de la vie du roi.

TRANSCRIPTION ET TRADUCTION.

2. *Šumma ina araḫ Araḫšamna šarru parṣu* [*uddiš*] . . . . .

si dans le mois d'*Araḫšamna* le roi un *parṣu* restaure, ...

3. *Šumma ina araḫ Araḫšamna šarru kurmat-su* [*iškun*] . . . . .

si dans le mois d'*Araḫšamna* le roi son mets sacré présente, ...

4. *Šumma ina araḫ Araḫšamna šarru ši-g*[*u-u*] . . . .
iṭâb

si dans le mois d'*Araḫšamna* le roi la prière de pénitence
. . . . sera heureux

8. *Šumma ina araḫ Araḫšamna šarru lu* . . . . . ? *-ru lu
ma-ḫaṣ* (*šil*) *ili epuš-*(*uš*)

si dans le mois d'*Araḫšamna* le roi soit un . . . . . soit
le —? du dieu fait

9. *lu bît ili uddiš* . . . . . *eli bêl amâti-šu immed*

soit la maison du dieu restaure, ... son contradicteur il dominera

10. *Šumma ina araḫ Araḫšamna šarru muḫ-*[*ru ud*]*-diš ili-šu
supi-šu išemmi-šu*

si dans le mois d'*Araḫšamna* le roi répare le —?, son dieu
sa prière entendra

11. *Šumma ina araḫ Araḫšamna šarru e-qu ana ilu Rammân
iškun-*(*un*) *libbi-šu lâ iṭâb*

si dans le mois d'*Araḫšamna* le roi un —? à Rammân
présente, son cœur ne sera pas heureux

12. *Šumma ina araḫ Araḫšamna šarru šaraqtam iddin-*(*in*) *lib-bi
lâ iṭâb*

si dans le mois d'*Araḫšamna* le roi un don donne, son cœur
ne sera pas heureux

13. *Šumma ina araḫ Araḫšamna šarru aššatam irši-(ši) mâḫira lâ iši-(ši)*

si dans le mois d'*Araḫšamna* le roi prend femme, il n'aura pas d'adversaire.

14. *Šumma ina araḫ Araḫšamna šarru aššat-šun (?) ckalla-šu êrub libbi-šu lâ iṭâb*

si dans le mois d'*Araḫšamna* le roi son (?) épouse entre au palais, son cœur ne sera pas heureux

15. *Šumma ina araḫ Araḫšamna mârat šarri amêl ṣiḫra ûlid amêl ṣiḫru šuâtu ilabar-(bar)*

si dans le mois d'*Araḫšamna* la fille du roi met au monde un nain, ce nain deviendra vieux

16. *Šumma ina araḫ Araḫšamna šarru qi-ru-ba-a ud-diš ipšu bêl dabâbi-šu imtagar*

si dans le mois d'*Araḫšamna* le roi transforme un champ, l'action de son contradicteur plaira

17. *Šumma ina araḫ Araḫšamna šarru ina kirî gišimmara iz-qup libbi-šu lâ iṭâb*

si dans le mois d'*Araḫšamna* le roi dans un verger plante un palmier, (son) cœur ne sera pas heureux

18. *Šumma ina araḫ Araḫšamna šarru ṣubat ?-su ubbib êkallu šî ilabar-(bar)*

si dans le mois d'*Araḫšamna* le roi son vêtement purifie, ce palais deviendra vieux

Remarques.

L. 10. *muḫru*, cité aussi IV² R. 33, Col. IV, l. 7, *muḫ-[ru]* et l. 10 ; après *ud-diš* (l. 10) l'éditeur restitue à tort 𒂍. *Muḫru* désigne un objet relatif au culte. Même mot peut-être Meissner, *Supplem.*, p. 57 (III R. 66, Verso, 18 *e*). L. 14 𒀯 𒈗 ne m'est pas clair. Une phrase assez semblable DA., p. 100, l. 22, me ferait croire à un suffixe *šu (šun)* singulier, malgré 𒈗 = *šun*. Ll. 15, 18, etc., la leçon *ú-lab-bar* se trouve III R. 55, No. 5, Verso, l. 52 ; c'est peut-être la plus correcte. Les visions royales sont décrites III R. 56, No. 2 et 1944 *b*; elles ne laissent rien à désirer au point de vue réaliste ; pour en atténuer et détourner tout ce qu'elles avaient de fâcheux pour le souverain ou ses peuples, on recourait aux opérations magiques et à l'incantation. Après l'énumération des cas où le roi a vu en rêve de la chair de porc sur son pied (l. 3, *šumma šarru ina šutti-šu šîr šaḫî ina šêpi-šu*), de la graisse de porc (l. 4, *šaman šaḫî*), les parties secrètes d'une femme (l. 7, *pu-zu-ur zinništi*), des animaux morts (l. 12, *ú-ma-me mîtûti*), un chien mort qu'il prenait (l. 10, *kalba mîta ilqi-ma*), un chien et d'autres êtres qui urinaient sur lui (ll. 14–17), venait l'incantation à Schamasch, le roi des cieux et de la terre. Le rituel conjuratoire nous est seul mentionné dans III R. 55, No. 5, sans que nous sachions quel est le phénomène qui en nécessite l'opération.

> 53. *Šumma ina araḫ Ululi ûmu* 10 *kan ana Sin liš-kin šizba ikkal ḫêmeta ipaššaš ú-ta-[tar]*
>
> > si c'est au mois d'Elul, le dizième jour (sous-entendu : qu'on observe tel ou tel phénomène), devant Sin il se prosternera, du lait il mangera, de beurre il s'oindra, il sera éminent (*utatar* pour *utattar*)

III R. 52, No. 3, étudié par Lenormant, Sayce et Oppert, renferme une liste de certains phénomènes terrestres et célestes sans indication de leur signification prophétique spéciale, mais pour lesquels on exige une cérémonie expiatoire, comme il ressort du Verso, l. 36 : *An-nu-u NAM . BÚ[R . BI-šu-nu]*[1] le document babylonien publié en transcription assyrienne III R. 52, No. 3, devrait être publié à nouveau par les éditeurs des textes du British Museum. Rm. 2,589 que j'ai eu entre les mains il y a quelques années, en est un duplicata très important. Des rites expiatoires sont prescrits aussi dans K. 2192 au Verso et ces augures royaux débutent ainsi. (Voir le *Catalogue.*)

> 1. *Šumma šarru ili-šu ud-diš ilu Marduk ri-ṣu-šu* . . . .
>
> > si le roi son dieu (l'image de son dieu) restaure, Marduk à son secours . . . .
>
> 2. *Šumma šarru ištari-šu ud-diš ilu Ištar ana damiqtim-(tim)* . . .
>
> > si le roi sa déesse restaure, Istar pour la faveur . . . .

[1] Restitué d'après Rm. 2,589; pour NAM . BÚR . BI voir Zimmern, *B. K.*, p. 223.

Un rituel destiné à conjurer les effets néfastes des oiseaux de mauvais augure est décrit K. 8932, Rm. 2, 138 etc. (voir le *Catalogue*). Il peut arriver que le simple mortel dans ses rêves contemple la couverture du roi, la peau du roi, qu'il se revête du vêtement du roi, qu'il s'oigne de l'onguent royal, qu'il s'étende sur la couche du roi, etc. C'est ce que nous apprend un paragraphe de Rm. 136.

1. [signes cunéiformes]
2. [signes cunéiformes]
3. [signes cunéiformes]
4. [signes cunéiformes]
5. [signes cunéiformes]

TRANSCRIPTION.

1. *Šumma NA ruk-bi šarri iṭṭul* . . . .
2. *Šumma NA mašak šarri iṭṭul NA šuâtu* . . . . .
3. *Šumma NA ṣubat šarri la-biš NA šuâtu* . . . . .
4. *Šumma NA piššata šarri ipšuš NA šuâtu eli* . . . . .
5. *Šumma NA ina mâli (?) šarri iṭ-ṭil NA šuâtu ûm[e]* . . . . . .

Remarques.

1. *rukbu*, pour ce mot voir Meissner, *Supplem.*, p. 89; ici il désigne un objet, espèce de selle ou couverture sur laquelle le roi monte à cheval, ou un vêtement spécial, à moins que ce ne soit aussi un véhicule, ce qui est douteux. [signes cunéiformes] est sans doute un meuble, lit, couche que je transcris dubitativement par *mâlu*. Voir à ce propos Jensen, *K.B.*, VI, 409. Enfin *iṭṭil* de *nâlu* forme 1_2.

Dans la partie qui précède il s'agit d'omina d'après ce qu'on voit dans des palais détruits et autres phénomènes sur le sens desquels je ne suis pas très au clair. On lit entre autres :

1.  [signes cunéiformes]
Šumma ina êkalli ša išâtu êkul ittu damiqtu . . . .
si dans un palais que le feu a dévoré un signe favorable . . .

2. [signes cunéiformes]
ilâni šab-su-tum . . . .
les dieux irrités . . . .

D'autres cas pour les palais ruinés (*êkal nadi-ti, êkal šul-pu-ut-ta*), etc.

Citons en passant les Nos. K. 4103 et K. 11041, où l'on voit l'oniromancie s'engendrant elle-même,[1] le songeur rêvant qu'il avait de bonnes ou mauvaises visions.   K. 11041 + K. 11684 (voir le *Catalogue*).

> *Šumma NA ina šutti-šu šutta limutta-(ta?) iṭ-ṭul ina lâ šalimti? šalmûti-šu?*

> si un homme dans sa vision une mauvaise vision contemple, dans le non être favorable (quoique cela ne soit pas favorable), c'est une chose salutaire pour lui

Et K. 4103 : Si un rêve dans le rêve il voit et . . . .

Rêvait-on que le douzième jour d'un certain mois l'on présentait à Sin et à Schamasch le mets sacré, c'était fâcheux.   III R. 56, No. 6, l. 46: *Šumma ûmu* 12 *kan ana Sin u Šamaš kurmat-su iškun-(un)*, etc. La libation offerte en rêve était un cas également prévu comme le montre K. 6768.

Le texte ne présente aucune difficulté.   L 1. *Šumma NA ina šutti-šu ana ilu Ištar isruq* : si un homme dans sa vision fait une libation à la déesse Ištar; l. 2, à dieu; l. 3, au roi; l. 4, à un génie[2]?; l. 5, à une prêtresse (= *éntu*, Jensen, *K.B.*, VI, 439), etc.

A cette classe de documents il faut joindre K. 2018 *a* + Sm. 477

---

[1] Voir à ce sujet Bouché-Leclerq, *Histoire de la Divination*, Tome I, p. 231.

[2] *DUGUD* d'après M. Thureau-Dangin signifie peut-être "astre." Voir sa traduction du cylindre A de Gudea, Col. XXIV, 14.

et Sm. 801 + Sm. 952 + Sm. 1024, que M. Bezold, avec raison, fait rentrer dans l'oniromancie. Il s'agit apparemment des dons que l'on fait en rêve (K. 2018*a*, etc.) :

1.   *Šumma mêsa*   *iddin-šu*   *mârâte iši-(ši)*

    si du bois de *mêsu* il lui donne, il aura des filles

2. *Šumma erina iddin-šu lu abi-šu lu apil-šu imât* [1]

    si du bois de cèdre il lui donne, soit son père, soit son fils mourra

3. *Šumma šurwêna iddin-šu ina la-li-šu i-qat-ti*

    si du bois de cyprès il lui donne, dans l'épanouissement de sa force il terminera (ses jours)

4. *Šumma dap-ra-nu iddin-šu mukîl damiqtim im-mar*

    si du bois de genévrier il lui donne, il verra le tenant la faveur

5. *Šumma mi-iḫ-ra iddin-šu mâḫira lâ iši-(ši)*

    si du bois de *miḫru* il lui donne, il n'aura pas d'adversaire

6. *Šumma ṣarbata iddin-šu aššata iši-(ši)*

    si du bois de *ṣarbatu* il lui donne, il aura une épouse

Remarques.

mêsu revient, Gudea, *A.*, VII, 17 (traduction Thureau-Dangin), et dans les textes de Reisner, voir les passages cités dans le *Supplément à la liste de Brünnow*, de M. Virolleaud. *dapranu* = genévrier, Meissner Rost, *Die Bauinschriften Sanheribs*, glossaire et Jensen, *K.B.*, VI, 444, si *dapranu* est bien le même que *duprânu*. *meḫru* mentionné dans les textes traduits par Myhrman, *Z.A.*, XVI, p. 162, 32, et *P.S.B.A.* (1902), p. 221, l. 14 ; il est question de l'huile (c'est-à-dire, résine) de cette essence (*šaman miḫri*). *ṣarbatu*, d'après Pognon Wadi Brissa, est le "palmier." Voir en dernier lieu Küchler, *B.M.*, p. 127, et Gudea, *A.*, XXII, 18 (traduction Thureau-Dangin). *mukîl damiqtim* pour *mukîl reš damiqtim*, comme K. 3756, *mu-ki-il*

---

[1] ll. 2-5, publiées par Bezold, *Catalogue*, p. 387.

ri-eš damiq (𒀀𒀀𒀀)*-tim.*   Expression fréquente dans les omina.
Voir à ce sujet Zimmern, *Ritualtafeln.*

Dans une seconde colonne il s'agit d'offrandes de chair, de graisse
de divers animaux.

Šumma šir kalbi iddin-šu šu-ku-us-su iššir

s'il lui donne de la chair de chien, sa position sera prospère

Šumma libâ nêši iddin-šu mâḫira lâ iši-(ši)

s'il lui donne de la graisse de lion, il n'aura pas d'adversaire

A comparer le long extrait de Sm. 801, etc., donné par Bezold,
Catalogue, p. 1438.   Dans une troisième colonne enfin, liste de dons
variés, qui sont accompagnés de leurs présages respectifs.   En voici
un extrait d'une copie que je n'ai pu collationner.

1.
2.
3.
4.
5.
6.
7.
8.
9.
10.
11.
12.
13.

Remarques.

S'il lui donne, l. 1, un char ; l. 2, un char d'argent ; l. 3, un char (*ṣumbu*) ; l. 4, un char (*ṣumbu*) ; l. 5, la garniture(?) d'un char (*karra narkabti*) ; l. 6, des rênes (*masak a-ša-at*) ; l. 7, un bouclier (*masak ka-ba-ab*) ; l. 8, la crinière(?) d'un âne (*kimmat imêri*) ; l. 9, une porte (*daltu*) ; l. 10, la fermeture (*sikûru*) ; l. 11, le verrou (*mêdilu*), l. 12, un calame (*qân duppi*) ; l. 13, une tige de dattier (?) (*GI ḫuṣâbi*). Sm. 801 + Sm. 952 + Sm. 1024, dans une colonne donne les pronostics non pas pour celui qui fait un don, mais qui saisit des animaux, lion, chacal, serpent, etc., ou d'autres choses.   Ex. :

1. [cunéiforme]
2. [cunéiforme]
3. [cunéiforme]

Remarques.

L. 1. [signe] est la partie postérieure du corps = *išdu*, d'après Meissner, *Assyriologische Studien*, II, p. 35 ; Küchler, *B.M.*, p. 78. Notre texte mentionne aussi la main du [signe] et *DUGUD* paraît désigner un être quelconque, peut-être un génie, comme nous l'avons supposé plus haut. *Šumma išda (KU) DUGUD iṣ-bat DUGUD ú-[šam-ḫir]* : s'il saisit la partie postérieure d'un génie (?), le génie (?) l'éprouvera.   L. 2. *Šumma azkara iṣ-bat ašar lâ uddî?* . . . . . : s'il saisit un croissant, à un lieu inconnu il ? . . . . L. 3. *Šumma išda amêl ṣiḫri iṣ-bat amêl ṣiḫru ú-šam-ḫir* : s'il saisit la partie postérieure d'un nain (?), le nain (?) l'éprouvera.   Un autre [signe] = *mi-iq-[tu]*, II R. 28,63 (No. 5).   *C.T.*, XX, 13, Rev. 16 : ton armée tombera dans sa défaite (*ina miqti-ša* = [signes]).   De même Thompson, *Astrological Reports*, No. 187, Rev. 7.   Le remarque de M. Fossey, p. 51, à propos de Col. IV, ll. 22–24, m'est inexplicable.   Voir ma *Note sur les Textes Divinatoires du British Museum*, p. 13, en haut. Dans mon *Choix de Textes*,[1] p. 55, l. 35 : l'armée ennemie tombera dans sa défaite (*ina miqti-šu*).   J'ai signalé dans la *Revue Sémitique* (9ᵉ année, p. 156), K. 4017, où il s'agit de l'homme qui exécute divers travaux en rêve.   J'extrais les lignes suivantes du recto.

---

[1] *Choix de Textes*, p. 54, l. 30, traduire : il mourra (*imât-ma*) et l'homme dans le jugement l'emportera sur son adversaire.

1.
2.
3.
4.
5.
6.
7.
8.
9.
10.
11.
13.

Transcription et Traduction.

1. *Šumma kussâ êpuš-(uš) mu-kil rêš* . . . . .
   si un trône il fabrique, celui qui tient la tête . . . . .

2. *Šumma irša êpuš-(uš) mu-kil reš* . . . . . .
   si un lit il fabrique, celui qui tient la tête . . . . .

3. *Šumma iṣ ER(?). A(?) êpuš-(uš) mu-kil reš limut[-tim]*
   si un — ? il fabrique, celui qui tient la tête de malheur

4. *Šumma litta êpuš-(uš) mu-kil reš limuttim-[tim]*
   si un *littu* il fabrique, celui qui tient la tête de malheur

5. *Šumma elippa êpuš-(uš) mu-kil rêš limuttim-[tim]*
   si un bâteau il fabrique, celui qui tient la tête de malheur

6. *Šumma nu-suk-ta êpuš-(uš) ilu Šamaš kiribtu (?)*
   s'il fait le travail du fondeur? (du tisserand?), de Schamasch
   la bienveillance

7.   *eli-šu   iši-(ši)*
      sur lui   sera

8. *Šumma pur-kul-tam êpuš-(uš) mâr-šu imât*

   s'il fait le travail du tailleur de pierres, son enfant mourra

9. *Šumma aš-la-ku-tam êpuš-(uš) a-na muškêni*

   s'il fait le travail du blanchisseur, au serf

10.   *limutti-šu*   *ezzib-šu*

       son malheur   le quittera

11. *Šumma namgaruta êpuš-(uš) di-li-iḫ lib-bi*

    s'il fait le métier de charpentier, trouble du cœur

12.   *im-tu-ú*   *iššakan-šu*

       imtû [1]   lui sera réservé

Remarques.

A cette catégorie de textes correspond K. 3554 (aussi K. 14223), qui donne les présages pour celui qui rêve qu'il fabrique un cercueil à tel jour de l'année.

1. *šumma ina arḫê ša šatti ûmu I kan qimaḫḫa êpuš-(uš) NA šuâtu*

   si dans les mois de l'année, le premier jour, il rêve qu'il fait un cercueil ; cet homme

2. *šumma II kan qimaḫḫa êpuš-(uš) ina la-li-šu imât*

   si c'est le deuxième jour qu'il fait un cercueil, il mourra dans sa force, etc., etc. Voir aussi DA., p. 240, l. 10, qui donne le début de la 16ᵉ tablette de la grande série : Si une ville, etc.

L. 3 (de 4017) [signes cunéiformes]? ou [signes cunéiformes]? *zû* tablette d'argile?, je ne puis me prononcer. J'ai laissé de côté deux lignes entre l. 5 et l. 6. Dans l'une il s'agit de ce qui arrivera si l'on fait *mi-du-du-tam* (arpentage, mesurage), dans l'autre [signes cunéiformes] (?) [signes cunéiformes] ; ma copie est très incertaine. L. 6. *nusuktu* peut dériver de deux verbes *nasâku* fondre et tisser, qui sont nouveaux. Le sens hypothétique que j'ai proposé se déduit de l'hébreu. L. 9, *ašlaku* est expliqué

---

[1] *im-tu-ú* revient DA., p. 91, l. 23, ailleurs on a *ud-da-a-tum*. Voir aussi Rm. 2,224 *Catalogue.*

par Jensen, *K.B.*, VI, 494. L. 12. *imtû*, Del., *H.W.*, p. 93. Un auteur musulman, *'Abdarraḥmân ibn Naṣr,*[1] dont Pierre Vattier a traduit l'onirocritique, a un chapitre sur les songes de métiers. Le Verso nous parle de labourage (de même que K. 3900), comme l'indique ce court extrait :

I   ⸢cuneiform⸣

2.   ⸢cuneiform⸣ (?)

1.   *Šumma ina* ⁱˢ*LA qaqqara êreš-(eš) qaqqaru* . . . . .
si avec une houe le sol il laboure, [ce] sol . . . . .

2.   *Šumma ina* ⁱˢ*LA-šu ina libbi ali êreš-(eš) zunnu ?* . . . .
si avec sa houe dans l'intérieur de la ville il laboure, pluie ?

Pour ⸢cuneiform⸣ un instrument aratoire, voir *P.S.B.A.* (1901), p. 125, et Meissner Zimmern, *Z.D.M.G.*, 1904, p. 953. K. 9222 : "si la tête d'un être humain est comme la tête d'un ⸢cuneiform⸣." Artémidore, *Onirocrit.*, chapitre 51 du Livre 1, dit que pour ceux qui cherchent femme ou désirent des enfants, c'est un bon signe de rêver qu'ils cultivent, sèment, labourent ou plantent. La catch-line porte : *šumma NA ina šutti-šu kaspa la-biš* . . . ., si un homme dans sa vision est revêtu d'argent . . . . . Rappelons à ce propos K. 7068 avec les prédictions à ceux qui voient en rêve un dieu ceint ou recouvert de roseaux, de pierre, d'argile, etc. (. . . . . . . ⸢cuneiform⸣ = ... *ilu qanî ḫa-lip* ou ⸢cuneiform⸣ = *a-pir*, etc.), et K. 4768 :

1.   ⸢cuneiform⸣

2.   ⸢cuneiform⸣ *etc., etc.*

3.   ⸢cuneiform⸣ *etc., etc.*

4.   ⸢cuneiform⸣

5.   ⸢cuneiform⸣

6.   ⸢cuneiform⸣

7.   ⸢cuneiform⸣

---

[1] *La doctrine des songes*, Paris, M.DC.LXIV.

Transcription et Traduction.

1. *Šumma agû AN.TIR.AN.NA a-pir duḫdu ina mâti ibaši-*
(*ši*) si de la tiare de la Voie Lactée il est coiffé, l'abondance
sera dans le pays

2. *Šumma agû ilu Šam-ši a-pir*, etc., etc.
si de la couronne solaire il est coiffé, etc., etc.

3. *Šumma agû uzzi a-pir*, etc., etc.
si d'une tiare d'effroi (qui inspire l'effroi) il est coiffé, etc., etc.

4. *Šumma agû kaspi a-pir alu šuâtu i-lab-bir i-kab-bir*
si d'une tiare d'argent il est coiffé, cette ville deviendra vieille,
deviendra puissante

5. *Šumma agû ḫurâṣi a-pir alu šuâtu duḫda iṣ-ṣi-id*
si d'une tiare d'or il est coiffé, cette ville récoltera l'abondance

6. *Šumma agû erî a-pir alu šuâtu i?* . . . . .
si d'une tiare de bronze il est coiffé, cette ville . . . . . .

7. *Šumma agû siparri a-pir* . . . .
si d'une tiare de cuivre il est coiffé . . . .

Remarques.

D'après l'auteur musulman cité plus haut : "Si quelqu'un songe
qu'il porte une couronne d'or ou d'argent, ou de pierreries, il lui
arrivera quelque grand pouvoir, dans lequel il négligera ses biens
spirituels." Il faut citer à propos de ce document le chapitre 77 du
Livre I d'Artémidore *Onirocrit.*, intitulé περὶ στεφάνων παντοδαπῶν,
où il est dit que c'est fâcheux pour un esclave, s'il rêve qu'il porte
une couronne d'or. L. 1. *AN.TIR.AN.NA* = la Voie Lactée
d'après Jensen, l'arc-en-ciel d'après Meissner-Rost et Thompson.
III R. 52, No. 3, Obverse, l. 58 : *Šumma AN.TIR.AN.NA ki-i
irru saḫirûti saḫir* . . . . . ., si un arc-en-ciel se tord comme
l'intestin . . . . . Un paragraphe de K. 7068 commence ainsi
(voir le *Catalogue*).

Šumma NA ina šutti-šu NA ikrub-šu . . . . .
si un homme dans sa vision un homme le salue . . . . .

Au lieu de ⸢cuneiform⸣ (Bezold), je lirais plutôt ⸢cuneiform⸣. L'acte de saluer en rêve a sa signification comme tous les autres actes soumis à l'examen des diseurs de sorts, ainsi que le montre DT 284 (voir le *Catalogue*).

1. *Šumma ana ili i-qar-rab ûme* . . . .
   si du dieu il s'approche, (ses) jours . . . .

2. *Šumma ana šarri X* . . . .
   si du roi "idem " . . . .

3. *Šumma ana mîti X* . . . .
   si d'un mort " idem " . . . .

4. *Šumma ana ramâni-šu X* . . . .
   si de lui-même "idem " . . . .

5. *Šumma ana ili sa-dir muš-ki-nu-tam illak-(ak)*
   si vers le dieu il marche, dans le servage il ira

6. *Šumma ana ili šit-ku-ul šulmu balâti ûmi mûši akal-šu ina-pu-uš*
   si le dieu il cherche à comprendre?, bien-être pendant la vie nuit et jour, sa nourriture sera abondante

7. *[Šumma] ana ili uznâ-šu ba-ša-a rêmu iššakan-šu*
   si vers le dieu ses oreilles sont (tournées), la grâce lui sera réservée

8. ⸢cuneiform⸣
   gi-mil-li ú-ta-ar ka-lu-šu i-ṭa-ab-šu
   [si] il venge (?), tout à lui lui sera bon

9. ⸢cuneiform⸣
   . . . . *GAS ili i-da-lal libbi-šu iṭâb*
   s'il exalte le . . . du dieu, son cœur sera heureux

10. . . . . *me a-ti uš-te-ni-iṣ-ṣi it-ti amêlûti lâ im-man-nu*

. . . . les il ?, parmi les humains il ne sera pas

compté

11. . . . . *muš-pi-šum ka-ba-tu un-na-mir iššakan-šu*

. . . . ? le foie il fera briller ; il lui sera

donné

12. . . . . *šu sa-an-ga ṭe-im ili iššakan-šu*

. . . . ses ? sont atteints ?, l'esprit du dieu lui

sera donné

13. . . . . *ka-ma-a-at ri-mu ša ili iššakan-šu*

. . . . ? la grâce du dieu lui sera donnée

14. . . . . *iḫ-ḫu-uš mimma ul ut-ta(m)*

. . . . est surabondant, il ne verra rien

Remarques.

L. 1. J'ai transcrit *i-qar-rab* et non *i-kar-rab*, il est difficile de dire quelle leçon est la meilleure. Voir la catch-line de K. 9768 (*Catalogue*) et mon *Choix de Textes*, p. 175 : *Šumma amêlu ana ili i-kar-rab-ma êgirrû ar-tú i-ta-nap-pal-šu ar-tú ramân-(man)-ša ilu tas-lit-su iš-me.* L. 5, *sadâru* = *a-[la-ku]*, K. 4171. Dans ce document important pour la lexicographie nous voyons que ⟨signe⟩ = *šu-a-tum ; a-bi* = *lim-[nu] ; ta-ru-ú* = *ša-qu-[ú]*, etc. L. 6, *šakâlu* ne m'est pas clair, d'après Meissner, *Supplem.*, p. 93, il pourrait signifier : comprendre. L. 10, *uš-te-ni-iṣ-ṣi* (ischtafal de piel) de *naṣû*, forme parallèle à *uštabarri* (Del., *Grammatik*, § 85, p. 234); *naṣû* est cité dans Meissner, *Supplem.*, p. 68. L. 14, *iḫ-ḫu-uš* de *naḫâšu*.

L'homme peut se quereller en rêve avec la foule, son père, son grand-père, son père défunt, sa mère, sa mère défunte, son frère, son frère défunt; n'ayant que l'extrait du *Catalogue* (K. 10456) sous les yeux, j'ignore si la belle-mère, qui joue un si grand rôle dans d'autres textes est mêlée à ces querelles.[1] (1) *Šumma NA ina šutti-šu itti puḫri ṣal-ta*[2] *êpuš-(uš)* ....) Ses visions l'entraînent parfois vers les pays lointains K. 3820.

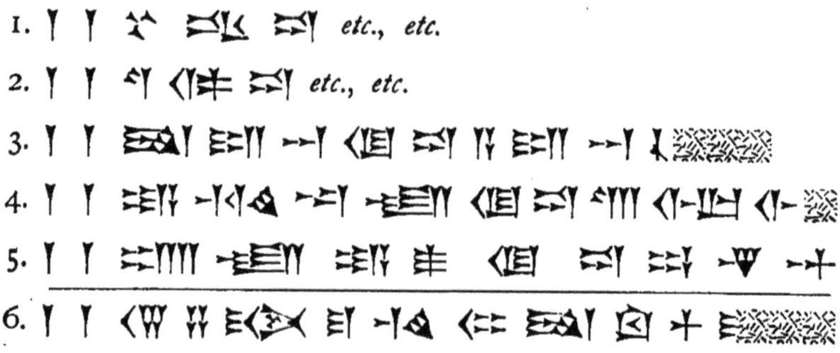

TRANSCRIPTION ET TRADUCTION.

1. *Šumma ana šadi karâni illik, etc., etc.*
   si vers la montagne de la vigne il va, etc.

2. *Šumma ana tam-di illik, etc., etc.*
   si vers la mer, il va, etc.

3. *Šumma ana Iṭ-ra-an* *ki* *illik a-ra-an-šu* . . .
   Si vers le pays d'*Idran* il va, sa faute sera . . .

4. *Šumma ana Ia-mut-ba-li* *ki* *illik ŠÀ . ḪUL im*[*mar-(mar)*]
   si vers le pays de *Iamutbal* il va, il verra le malheur

[1] Des textes divinatoires traitant des rapports des époux entr'eux et de leur vie privée sont publiés DA., pp. 85-94. Pour un essai de traduction voir *Revue Sémitique*, Vol. I, p. 168. Voir aussi le chapitre d'Artémidore intitulé: περὶ συνουσίας καὶ ἀφροδισίων.

[2] 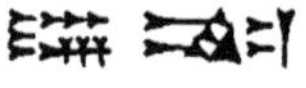 = *ṣaltu* aux lignes suivantes.

5. *Šumma ana Dup-li-ia-aš* ^{ki} *illik nap-šur ili*
   si vers le pays de *Dupliaš* il va, pardon du dieu

6. *Šumma ana imni ṣa-lil-ma šutta iṭ-ṭul maš-d*[*a*] . . .
   si à droite il est couché et qu'une vision il contemple, oppression ?

79—7—8, 94.

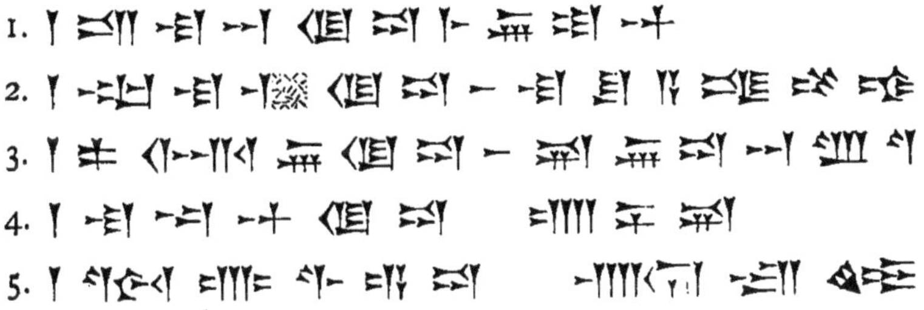

etc., etc.

Transcription et Traduction.

1. *Šumma Iš-la-an* ^{ki} *illik me-sa-at ili*
   si au pays d'*Išlan* il va, châtiment (?) du dieu

2. *Šumma Ka-la* — ? ^{ki} *illik ina la šu-a-tum ipaṭṭar-*(*ár*)
   si à *Kala* . . il va, il ne sera pas délivré de cela

3. *Šumma Pa-ar-sa* ^{ki} *illik ina emdu-*(*du*) *ili imaqut-*(*qut*)
   si en Perse il va, dans la domination (?) du dieu il tombera

4. *Šumma La-ba-an* ^{ki} *illik bîta eppuš-*(*uš*)
   si à *Laban* il va, il construira une maison

5. *Šumma Uḫ*[1] *ú-pi-e illik, tarbaṣu-*(*su*) *issapaḫ*
   si à *Keš* d'*Upê* il va, sa demeure (littér. sa cour) sera détruite

[1] Jensen, *Z.A.*, XV, p. 215; Weissbach, *Z.D.M.G.*, 1899, p. 665. Voir aussi K. 6739, où l'on rêve qu'on se dirige vers l'Egypte, l'*Ilippi*, le *Ḫatti*, le Levant et l'Occident, etc.

La nostalgie finit par saisir notre *globe-trotter*, qui rentre dans sa patrie et K. 2582 le ramène à la porte de la ville qu'il va franchir

Šumma NA ina šutti-šu abulla ali-šu êrub? — ? — ?

Sm. 251, nous conduit dans les jardins et vers diverses demeures où le rêveur se voit transporté.   Voir à ce sujet le *Catalogue*.   Il s'agit bien d'une personne qui rêve et non pas de l'apparition d'un animal comme le croit M. Bezold.   Je me bornerai ici à transcrire quelques lignes.

1. *Šumma ana kirî illik uš-šur-šu i-qab-bi*
   si vers un verger il va, son amnistie il proclamera

2. *Šumma ana mu-sa-ri-e illik ma-na-aḫ-ta-šu i-lam-man*
   si vers un jardin il va, son domicile sera un lieu d'inimitié

3. *ina KI . KAL (dibiri) uṣ-ṣa . . . . .*
   de la ruine (?) il sortira

4. *Šumma ana ab-ri na-pa-ḫi illik i-dir-ti ûme-(me) immar-(mar)*
   si pour allumer un brandon il va, le deuil des jours il verra

5. *Šumma ana eqla e-ri-ši illik ina KI . KAL (dibiri) uṣṣa*
   si pour labourer un champ il va, il sortira de la ruine

6. *Šumma ana ba-ar ṣêri illik i-at-tar??*
   si pour chasser (dans) la plaine il va, il sera éminent (?)

7. *Šumma ana su-pur alpê illik šu-zu-ub ID . DU . .*
   si vers l'étable des bœufs il va, salut du . . . . .

8. *Šumma ana su-pur immerê illik NAM . SAG-tum (ašaridu-tum) illak*
   si vers l'étable des moutons il va, il ira au premier rang

9. *Šumma ana su-pur enzê illik šuzub (=) ili ID . DU*
   s'il va vers l'étable des chèvres, salut du dieu?

---

[1] Voir K. 11451 (*Catalogue*), le roi . K. 2046: (= *ul ikašad-(ad)*). K. 32, qu'il faut citer ici ne m'est pas très clair (voir le *Catalogue*); si au lieu de on lit , on traduira simplement: si au mois de Nisan il rentre dans sa maison (*ana bîti-šu itûr*) son cœur sera heureux, etc., etc.

L. 6. Pour cette phrase, voir Meissner, *Supplem.*, p. 104, qui donne une autre traduction que la mienne. Je transcris (l. 9) 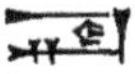 par *šuzub* à cause de l. 7, phrase analogue. Sm. 392, *šuzub* (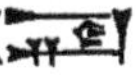 *ili ana amêli iši-(ši)*. Ce que l'on mange ou boit en songe est matière à pronostics. Ceux qui ont mis à la mode le panbabylonisme seront heureux d'apprendre que K. 4570 et K. 4575 nous fournissent un parallèle au second chapitre de la Genèse en nous révélant quels sont les arbres dont il est permis ou non de manger les fruits. A noter seulement que nous sommes ici en pleine oniromancie, tandis que l'Ancien Testament établit une loi. Je me bornerai suivant mon habitude à de courts extraits ; je regrette de ne pouvoir donner que des fragments de K. 4575 et 4570, et réclame de l'indulgence, mes copies datant de loin :

K. 4575.

Remarques.

L. 1. *Šumma titta êkul akala mat-qa ikkal* : s'il mange une figue, de la nourriture douce (sucrée) il mangera. *Tittu* est la figue, comme l'a montré Zimmern, *Z.D.M.G.* (1904), p. 953. (Voir déjà Meissner, *Supplem.*, p. 102.) *Matqu* est connu, voir les lexiques. L. 2. *Šumma karâna êkul ḫu-ud lib-bi* : s'il mange du raisin, joie du cœur, même présage pour l. 3.  pourrait désigner une espèce de raisin, ou une partie du raisin ;  signifie quelque chose de pointu, extrémité, etc. (voir le No. 10758 du *Supplément* de Virolleaud). L. 4, *karânu piṣû* () raisin blanc (?). L. 5, 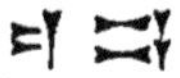 = *ribḫu*, Küchler, *B.M.*, p. 109. L. 8. Dans l'incertitude je traduirai et transcrirai : Si du *ašdugga* (une essence quelconque) il coupe. *Šumma* ᶦˢᵘ *AŠ . DUG . GA ikkis* (= ➤); ⊨𝇋⊨ ⧮ ⊣⊐⊢⊣ ⊨𝇋⊏, *C.T.*, XIV, 22, Col. VIII, 37. ⊨𝇋⊨ ⊣⊐⊢⊣ ⊨𝇋⊏ = *maḫṣu*, Brünnow, No. 683.

Dans le chapitre 73 du livre I d'Artémidore (Edition Reiff), intitulé Περὶ ὀπώρας, se trouve un passage qui traite des figues, comme l. 1 de notre document : Σῦκα κατὰ μὲν τὴν ὥραν τὴν ἰδίαν ἀγαθά. Καὶ τούτων τὰ λευκὰ ἡδίονα τῶν μελάνων. Παρὰ δὲ τὸν καιρὸν φαινόμενα συκοφαντίας καὶ ἐπηρείας προαγορεύει. Συκάζειν γὰρ καὶ τὸ ἐπηρεάζειν ἔλεγον οἱ παλαιοί. Nous trouvons dans ce document le calembour qui porte sur σῦκα et συκοφαντίας, et qui est aussi une des caractéristiques des textes divinatoires cunéiformes. Voir mon *Choix de Textes*, p. 97, note 243, et les *Textes Relatifs à la Divination de* Fossey, p. IV. Quant au raisin, pour celui qui rêve qu'il en mange, c'est heureux d'après Artémidore et même en toute saison, ce qui n'est pas le cas pour les figues, comme il ressort du passage que je viens de citer. Le raisin noir, d'après l'auteur musulman cité plus haut, est d'un mauvais augure, "la couleur noire (du raisin) n'est rien de bon, parceque Noé, à qui Dieu fasse paix, ayant fait des imprécations contre son fils dans sa colère, le raisin qu'il tenait en sa main devint noir." Aux lignes de K. 4570, reproduites par M. Bezold dans le *Catalogue*, j'en ajouterai quelques-unes ici.

Après avoir indiqué les présages pour les cas où le rêveur mange du fruit (*inbu*) de *ṣarbatu* (⊨𝇋 𝇋𝇋 ⊣⊨⊨𝇋 ⊨⊁ ⊀) et de *NAM . TAR* (⊨𝇋 ⊣𝇋⊲𝇋⊁ ➤[2]) on lit :

1. *Šumma zer* ᶦˢᵘ *ṣarbati êkul limutti-šu ippaṭir*

    si de la semence de bois de *ṣarbatu* il mange, son mal sera délié

2. *Šumma* ᶦˢᵘ *ṣarbata êkul mâḫiru*

    si du bois de *ṣarbatu* il mange, un adversaire

3. *Šumma šamma idû-(u) êkul libbi-šu iṭâb*

    si une plante qu'il connaît il mange, son cœur sera heureux

---

[1] Nombreux sont les écrits des musulmans sur l'oniromancie ; voir l'article de N. Bland : "On the Muhammedan Science of Tâbir," *J.R.A.S.*, 1856, Vol. XVI, p. 118.

[2] Küchler, *B.M.*, p. 152, *s.v.*

4. *Šumma šamma lâ idû êkul e-rib ir-bi*
si une plante inconnue il mange, rentrée du revenu

5. 𒁹 ... , etc.
Šumma iddâ êkul, etc.
s'il mange de la poix (c'est fâcheux)

6. 𒁹 ...
Šumma kup-ra êkul . . . . .
s'il mange de l'asphalte . . . . .

7. 𒁹 ...
Šumma nap-ṭa êkul . . . . .
s'il mange de la naphte . . . . .

8. 𒁹 ... , etc.
Šumma pi-til-ta êkul, etc.
s'il mange de la ficelle (c'est fâcheux)

9. 𒁹 ... , etc.
Šumma ḫi-im-ma-ta êkul, etc.
s'il mange des ordures (c'est heureux)

10. 𒁹 ... , etc.
Šumma ḫi-im-ma-ta ša sûqi êkul, etc.
s'il mange des ordures de la rue (c'est heureux)

11. 𒁹 ... , etc.
Šumma mur (?)-ri-ta êkul, etc.
s'il mange quelque chose d'amer? etc.

12. 𒁹 ... , etc.
Šumma ku-ul-pa êkul, etc.
s'il mange de l'écorce, etc.

Remarques.

L. 1, *ṣarbatu*, voir plus haut. L. 7, le terme assyrien désignant la naphte *napṭu* se rencontre ici pour la première fois ; nous le retrouvons ailleurs dans K. 2922 et son duplicata (K. 3092), dont voici un extrait.   K. 2922 est écrit en caractères babyloniens

1. 𒑐 … , etc.[1]

2. 𒑐 … , etc.

3. 𒑐 … , etc.[2]

4. 𒑐 … , etc.

5. 𒑐 … [3] … , etc.

6. 𒑐 … , etc.

7. 𒑐 … , etc.

8. 𒑐 … , etc.

9. 𒑐 … , etc.

10. 𒑐 … , etc.

Šumma ašar mâti dâmi i-ḫi-il: si le sol (ou un lieu) du pays du sang produit; *ha-a-[lu]* se trouve II R. 39, 34 *g* et ne peut signifier autre chose que "exprimer, faire suinter"; le suc (la sueur) de *balluḫi*=*ḫi-il*, *b.* (Meissner, *Supplem.*, p. 24); s'il produit (*i-ḫi-il*), du lait (*šizbi*), du miel (*dišpi*), de l'huile (*šamni*), de la naphte (*nap-ṭi*),[3] du *rišṭi* (*riš-ṭi*), du sang (*dâmi*), du sang blanc (*dâmi piṣi*), du sang noir (*dâmi ṣalmi*), du sang brun (*dâmi sâmi*).   Rm. 2, 132 : Si dans le mois de Nisan(?) Rammân sa voix fait entendre et que le sol du fiel produit (*irṣitu marti i-ḫi-il*), pendant 37 ans 6 mois la récolte ne sera pas prospère.

Nous retrouvons le mot *naphte* dans DA, 83, K. 149, où sont donnés les présages d'après ce qu'on observe aux environs d'une ville.   Une correction importante à faire aux lignes 5, 6, 7, 8, 9, 10, 11, 12, 13 ; au lieu de 𒂅 lire 𒂖 ; il s'agit donc de ce que l'on voit brûler.   Ex :

l. 8. . . . . *išrup mâtu* (= 𒆳) *šuâtu lum-nam immar-(mar)* [4]

[si telle ou telle chose] brûle, ce pays verra la vicissitude

---

[1] L'apodose est : *mâtu šuâtu i-lim-man* : ce pays sera pervers (*cf.* K. 8406).
[2] *Idem*, K. 14040.
[3] K. 3092, *nap-ṭa.*
[4] Apodose de l. 5, le roi sera brûlé : *šarru šuâtu iq-qam-mu.*

l. 12. . . . . *ali šamnu išrup ala šuâta nakru ikaššad-(ád)*

> [si dans la] ville de l'huile brûle, l'ennemi s'emparera de cette ville

l. 13. . . . . *ali nap-ṭa išrup alu šuâtu bêlu mimma ul ibaši e-du*

> [si dans la] ville de la naphte brûle, de cette ville un gouverneur quelconque ne sera pas un seul,[1] etc., etc.

M. Meissner dans le No. III de ses *Assyriologische Studien*, p. 79, a reconnu le pétrole dans *šaman iddi*. La Babylonie est la terre par excellence du bitume, les sources de Hit ont été maintes fois décrites par les voyageurs et celles de Kerkouk au dire de Rawlinson (*J. R. Geographical Society*, Vol. X, 1840, p. 137), sont même mentionnées dans les livres des Brahmanes et visitées par des pélerins Indous. Il serait intéressant de savoir si les rois d'Assyrie employaient aussi, comme plus tard les Caliphes, un contingent de *naffâtyn* chargés de lancer le feu grégeois sur les citadelles ennemies. Voir A. von Kremer, *Culturgeschichte des Orients*, Tome I, p. 237. Revenons à K. 4570. L. 8, *pitiltu* ficelle dans Meissner, *Supplem.*, p. 79. Ll. 9 et 10, *ḫi-im-ma-tu* = ܐܚܠܐ ordures, balayure. L. 11, *murritu* (*murratu*) m'est inconnu, le sens que j'ai choisi est hypothétique. L. 12, *kulpu* = קלפא écorce? Pour prévenir toute critique je ferai remarquer que j'ai sauté entre l. 5 et l. 6 une ligne qui contient la fin de l'apodose de l. 5 soit *libbi-šu lâ iṭâb*, de même entre l. 9 et l. 10 où il y a simplement *libbi-šu iṭâb* fin de l'apodose de l. 9. J'ai dû omettre, à mon regret, les apodoses, toutes les fois que mes copies me paraissaient suspectes ; au reste au point de vue philologique c'est la protase qui nous importe le plus et mon attention s'est toujours portée en premier lieu sur le premier membre des phrases. Dans certains cas cependant, j'ai pu marquer que le présage était heureux ou malheureux. K. 2266 complète ce qui précède :

1. 𒁹 𒌍 𒂍 𒌋 𒀭 𒊏 𒀉 𒀭

2. 𒁹 𒀭 𒌋 𒌍 𒂍 𒌋 𒀭 𒌋

3. 𒁹 𒀭 𒌋 𒌋 𒌍 𒂍 𒀭 𒀭 𒂍 𒀭 𒀭 𒀭

---

[1] Remarquer cette longue apodose qui va jusqu'à la fin de l. 15, dont le commencement ne m'est pas clair.

4.

5.

6.

7.

8.

9.

10.

TRANSCRIPTION ET TRADUCTION.

1. *Šumma agurra êkul libbi-šu iṭâb*
   s'il mange de la brique, son cœur sera heureux

2. *Šumma ṭiṭa êkul, kukku* (?) *is-sa-la-* ?
   s'il mange de l'argile, un ouragan (?) se déchaînera (?)

3. *Šumma ṭiṭa pa-aš-ra êkul i-dal-laḫ-ma i-bir-ri*
   s'il mange de l'argile   ? , il sera troublé, il aura faim

4. *Šumma ṭiṭa kîma akâla êkul ina têrti-šu innasiḫ-(iḫ)*
   s'il mange de l'argile comme si c'était de la nourriture, de son
   oracle il sera exclu

5. *Šumma lipitta kîma akâla êkul amêlu šuâtu ina manzazi-šu
   innasiḫ-(iḫ)*
   s'il mange de l'argile comme si c'était de la nourriture, cet
   homme de son lieu de séjour sera arraché

6. *Šumma epirê êkul   ?   ?   atmâ i-ma-qi*
   si de la terre il mange, le   ?   la parole il ?

7.   *qi-bit ili-šu iššakan-šu muši-(ši)*
             l'ordre de son dieu sera sur lui pendant la nuit

8. *Šumma epir dup-qin-ni êkul atmâ i-ma-qi libbi-šu iṭâb*
   s'il mange de la terre de *dupqinnu*, la parole il (?), son cœur
   sera heureux

9. *Šumma epra šu-up-pa-a êkul atmâ* . . . . .
   s'il mange de la terre épaisse, la parole . . . . . .

10. *Šumma ba-ṣa êkul, SAL* . . . . .
    s'il mange du sable, ...

Remarques.

L. 3. *ibirri*, Del., *H. W.*, *barû*. K. 10188, *nišê i-bir-ra-a mârê-ši-na ipaššarû . . . ilâni in-na-qa-ru . . . ina erib šamši taḫâzu sa-ad-ru*, les peuples seront affamés, ils vendront leurs enfants, les dieux (c'est-à-dire : les statues des dieux) seront taillés en pièces, au coucher du soleil la bataille fera rage. L. 4. [signes cunéiformes] terme plus général que [signes cunéiformes] = argile des briques. L. 6, *imaqi* ou *imaki* d'un verbe *maqû (makû)*. Je ne comprends pas [signes cunéiformes] qui ne peut être un verbe. L. 8, *dupqinnu* revient dans un document, qui sera étudié plus loin. L. 10, *baṣu* = sable, Meissner, *Supplem.*, p. 24. Dans un chapitre de *L'Onirocrite Musulman* on lit p. 59 : "Le gazon et le sable et les autres parties de la terre, comme la poudre et choses semblables, signifient de l'argent. Celui donc qui songe qu'il mange du gazon ou du sable, ou qu'il a du gazon ou de la poudre par-dessus la tête, deviendra riche et aura de l'argent." Les boissons omineuses ne nous retiendront pas ; qu'il nous suffise de savoir, que les interprètes des songes avaient une réponse pour les cas où l'on rêvait qu'on buvait sa propre urine (K. 11841) celle de cheval, d'âne, de bœuf, de chien, de cochon (K. 3980 + K. 6399). Dans K. 6267 on lit [signes cunéiformes] c'est-à-dire, *šumma šinâta aššati-šu išti NA šuâtu duḫ-du ikkal*. On ne saurait être plus courtois. L'on avait également prévu les cas où l'on se servait de sa propre urine pour les ablutions, voir K. 3980 + K. 6399. Dans ce document *ramâku* et *masû* ont un sens nettement défini, le premier signifiant "répandre" et le second "laver." Ex. : *šumma ina šinâti-šu qâtâ-šu im-si*, suit l'apodose et *šumma šinâta-šu ir-muk tarbaṣu šuâtu irapiš-(eš)*. Les ablutions nous amènent nécessairement à K. 1562, dont voici quelques lignes.

1. [signes cunéiformes]

2. [signes cunéiformes]

3. [signes cunéiformes]

4.
5.
6.
7.
8.
9.
10.
11.
12.
13.
14.
15.
16.

VERSO.

1.
2.
3.
4.
5.
6.
7.
8.
9.

TRANSCRIPTION ET TRADUCTION.

1. *Šumma NA qâtâ-šu ina uḫuli qarnâni im-s[i]* . . . . .
si un homme ses mains avec de la salsola lave . . . . .

2. *Šumma NA qâtâ-šu ina si-ri im-s[i]* . . . . .
si un homme ses mains avec des épines lave . . . . .

3. *Šumma NA qâtâ-šu ina tuḫ-ḫi im-si* . . . . .
si un homme ses mains dans de la pâte levée ? lave . . . . . .

4. *Šumma NA qâtâ-šu ina ba-lu im-si* . . . . .
si un homme ses mains dans (avec) du *balu* lave . . . . .

5. *Šumma NA qâtâ-šu ina mê immûti-(ti) im-si* . . . . .
si un homme ses mains dans de l'eau chaude lave . . . .

6. *Šumma NA qâtâ-šu ina mê kaṣûti-(ti) im-si* . . . . .
si un homme ses mains dans de l'eau froide lave . . . . .

7. *Šumma NA qâtâ-šu ina nâri im-te-ni-is-si* . . . . .
si un homme ses mains dans le fleuve se lave . . . . . .

8. *Šumma NA qâtâ-šu ina igari ú-šak-kir(kil)?* . . . . . .
si un homme ses mains dans un mur   ?

9. *Šumma NA qâtâ-šu ina KU-šu II ḫa-šiḫ ? labiru-tam* . . . . .
si un homme ses mains dans son anus "idem," celui qui
désire la vieillesse . . . . .

10. *Šumma NA qâtâ-šu ina pî-šu ú-qab-bar ?* . . . . . .
si un homme ses mains dans sa bouche enfonce . . . .

11. *Šumma NA qâtâ-šu im-si-e-ma šêrê-šu* . . . . .
si un homme ses mains lave et que ses membres . . . . .

12. *Šumma NA qâtâ-šu im-si-e-ma ku?-bu-us* . . . . .
si un homme ses mains lave et que ? . . . . .

13. *Šumma NA qâtâ-šu ina me-si-e e-zi* . . . . . .
si un homme ses mains en lavant il ? . . . . .

14. *Šumma NA qâtâ-šu ina me-si-e ni ḫi* . . . .
si un homme ses mains en lavant ? . . . . .

15. *Šumma NA ina me-si-e qâtâ-šu ba-ni* . . . .
si un homme en lavant ses mains . . . . .

16. *Šumma NA mû ana qâtâ-šu II-šu išpuk nu-šu* . . . . .
si un homme de l'eau sur ses mains deux fois répand, ...

VERSO.

1. *Šumma NA mû ana qâtâ-šu IV-šu išpuk nu-šu* . . . . .
   si un homme de l'eau sur ses mains quatre fois répand, ...

2. *Šumma NA mû ana qâtâ-šu V-šu išpuk nu-šu* . . . . .
   si un homme de l'eau sur ses mains cinq fois il répand, ...

3. *Šumma NA mû ana qâtâ-šu VI-šu išpuk nu-šu* . . . . .
   si un homme de l'eau sur ses mains six fois il répand, ...

4. *Šumma NA qâtâ-šu im-si-e-ma ina il-la-ri íi-* . . . . .
   si un homme ses mains il lave et que dans le ? il . . . . .

5. *Šumma NA II II-ma pa-ni-šu i-še-ib* . . . . .
   si un homme "idem" "idem" et que son visage il ? . . . . .

6. *Šumma NA II II-ma ina ḫur-ba-tim íi* . . . . .
   si un homme "idem" "idem" et que dans le désert il . . . .

7. *Šumma NA II II-ma SIRI-šu TAG* . . . . .
   si un homme ses mains il lave et que son ? il touche ? . . . .

8. *Šumma NA ina alâki-šu litsu-(su) ana ku-tal* . . . . .
   si un homme en marchant sa jambe en arrière . . . . .

9. *23 a-an MU menût duppi-(bi) i* . . . . .
   23 lignes nombre de la tablette . . . . .

Remarques.

L. 1, *uḫulu qarnânu* est expliqué, Küchler, *B.M.*, p. 106.   L. 2,
siru est peut-être סִירֹ, épines du désert, plante épineuse.   L. 3,
tuḫḫu m'est inconnu ; je le rapproche en désespoir de cause de
סֹ‎ = huile de sésame, pâte levée.   L. 4, *balu* peut-être *bala*, plante
quelconque, Del., *H.W.*, p. 173.   L. 6, l'opposé de *kaṣû* froid est
immu, c'est ainsi qu'il faut transcrire d'après d'autres documents.
L. 7, *imtenissi*, de *masû* (iftaneal).   L. 8, pour le verbe *ušakkir*
(*ušakkil*) de *šakâru*, ou *šakâlu*, ou *šaqâru* (*šaqâlu*), le sens de faire
pénétrer, enfoncer est plausible.   L. 16, *šapâku* répandre, comme en
hébreu.   Je ne puis dire si j'ai sauté une ligne et s'il en était ainsi ce

serait celle où il est dit que l'on répand trois fois de l'eau ; il ne faudra point se lamenter sur cette omission.   L. 7, Verso, ⟦cunéiforme⟧ est une partie du corps, voir mon *Choix de Textes*, p. 8.   L. 9, *MU* est la ligne ; ailleurs je me demande si le sens n'en est pas plutôt "cas, fait constaté," et s'il ne faut pas le transcrire par *šumu*, comme *Choix de Textes*, p. 190, l. 1.   C'est ainsi que III, R. 65 No. 1, ll. 6 et 30, Verso, on lit "tant de ⟦cunéiforme⟧ (*šumâti*) de la série," c'est-à-dire tant de cas mentionnés ; ceci indépendamment de ce que Zimmern a déjà dit, *Z.D.M.G.*, 1904, p. 950.   Je donne cette explication pour ce qu'elle vaut.   Je ne voudrais point passer sous silence K. 2046, qui nous fait connaître les effets heureux ou fâcheux qui accompagnent d'autres actes exécutés en rêve, tels que le fait de grimper sur les palmiers, d'en descendre (⟦cunéiforme⟧ *šumma ištu gišimmari ur-da*), d'en manger les fruits, de couper certains arbres : *šumma (iṣu) ṣarbata ikkis-(iš)*, s'il coupe du bois de *ṣarbatu* ; du bois de *êru* (⟦cunéiforme⟧) ; du bois de *ašûḫu* (⟦cunéiforme⟧) ; du bois de *ḫašḫûru* (⟦cunéiforme⟧) ; du figuier (⟦cunéiforme⟧ = *tittu*) ; de la vigne (⟦cunéiforme⟧ = *karânu*) ; du bois de *nurmû* (⟦cunéiforme⟧) ; du végétal *ribḫu* (⟦cunéiforme⟧) ; du cèdre (⟦cunéiforme⟧ = *êrinu*) ; du cyprès (⟦cunéiforme⟧ = *šurwênu*) ; du *šuršu* (?) (⟦cunéiforme⟧) etc., etc.

Pour *êru* voir Küchler, *B.M.*, p. 109.   *Ḫašḫûru* souvent mentionné avec le figuier reste indéterminé.   Le nom de cet arbre en une langue étrangère (de *SU*) se trouve dans une des colonnes de K. 4375, CT, XVIII, Plate 2, l. 7 : ⟦cunéiforme⟧.

L'on comprend que le champ de l'oniromancie soit infini, et je suis sûr, que quand on pourra dresser la liste exacte de toutes les tablettes de Kouyunjik qui s'y rapportent, on atteindra un chiffre très élevé.   Cela n'a rien d'étonnant, l'art d'interpréter les songes constitue, avec l'haruspicine proprement dite, le summum de la science divinatoire.   Chaque branche a son code et ses commentateurs, tous les cas sont prévus et enregistrés ; le devin a sa réponse toute prête et le consultant doit payer comptant.   Les phénomènes qui mettent en branle l'imagination humaine ne s'observaient pas seulement sur la terre ; l'on pouvait avoir des visions célestes, et, si j'ai bien compris K. 2205,[1] il s'agit là d'astres qu'on voit tomber sur une personne, ou sur une maison et d'autres

---

[1] Voir aussi **K. 2239**, *Catalogue.*

fantasmagories obscures. Artémidore traite aussi de ces visions, Livre II, Chapitre XXXVI et Livre V, songe XXIII.

K. 4096 nous ramène sur terre, dans le voisinage d'une montagne, au sommet élevé, que couronnent un temple, une zigourat ou un palais et qui tous semblent atteindre les cieux, etc. Il est regrettable qu'il reste si peu de chose de cette tablette, dont j'extrais ce qui suit:

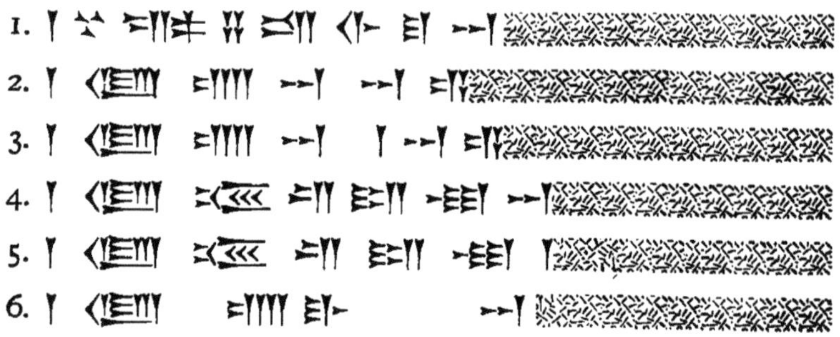

1. *Šumma šadû qaqqad-ṣa iš-ši-ma šam[ê]* . . . . .
   si une montagne sa tête élève et les [cieux] . . . . .

2. *Šumma* X *bît ili šamê* . . . .
   si "idem" et qu'un temple les cieux . . . .
   etc., etc.

L'on sait que la plus célèbre collection de tablettes divinatoires était classée sous la rubrique "Si une ville est située sur une hauteur." La seconde tablette de cette série 80-7-19, 81 débute de même :

[1] Même phrase sans doute K. 1367 (D.A., p. 206), l. 1, au lieu de  lire 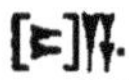.

[2] K. 1367 (D.A., p. 206), l. 2.

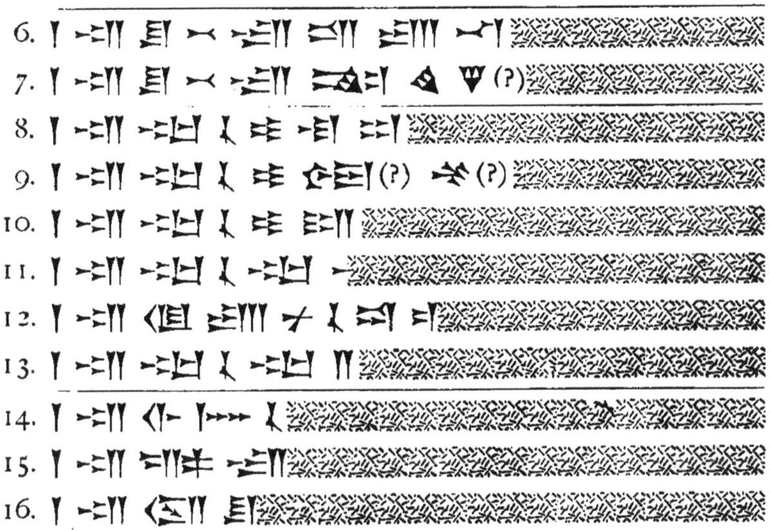

TRANSCRIPTION ET TRADUCTION.

1. ***Šumma alu ina me-li-e šakin [âšib (?) libbi ali šuâti ul iṭâb]*** [1]
   si une ville se trouve sur une hauteur, [l'habitant (?) de cette ville ne sera pas heureux]

2. ***Šumma a[lu] ina muš-pa-li šakin [libbi ali šuâti iṭâb]***
   si une ville dans un lieu bas se trouve, [l'intérieur de cette ville sera heureux]

3. ***Šumma alu ši-id-da-ša*** . . . .
   si une ville ses côtés . . . .

4. ***Šumma alu kîma karaš ṣâbê šu-bat-su*** . . . .
   si une ville comme un camp de soldats sa position . . . . .

5. ***Šumma alu kîma iṣṣur appari i-ḫad-du-[ud]*** . . . . .
   si une ville comme un oiseau de marais est (?) . . . . .

6. ***Šumma alu šu-bat-su iš-ta-na*** . . . .
   si une ville sa position est submergée ? . . . .

[1] K. 1367, D.A., p. 206.

7. *Šumma alu šu-bat-su ne-ḫi —?* . . . .
   si une ville sa position est —? . . . .

8. *Šumma alu pî-šu i-la-ab* . . . . : . . .
   si une ville sa bouche est enflammée . . . .

9. *Šumma alu pî-šu i-dam (?)-mu-[um]* . . . .
   si une ville sa bouche soupire . . . .

Remarques.

L. 5. *i-ḫad-du-[ud]*, restituer ainsi à cause de D.A., p. 206, l. 3, où je crois qu'il faut traduire : [Si une ville] son (sa)? est fixe (stable) et que sa bouche est circonscrite? comme un camp de soldats (*pî-šu kîma karaš ṣâbê i-ḫad-du-ud*). *ḫadâdu* peut être rapproché de خدد. La bouche (ll. 9–13), les yeux (l. 14) d'une ville montrent que nous sommes en plein dans l'oniromancie. Si un classique français a pu dire :

      " Ces murs même, Seigneur, peuvent avoir des yeux,"

à plus forte raison un *bârû* babylonien a-t-il pu nous parler des yeux et même de la bouche d'une ville. Nous ne saurions donc nous étonner qu'un habitant de Sippar ou de Babylone ayant vu dans la fumée des rêves tant de choses bizarres, les ait contées à son réveil à celui qui devait en interpréter le sens obscur. L. 6. *šanû* submerger, détruire par l'eau a été signalé par Zimmern dans *G. G. Anz.*, 1898, p. 826. L. 7. s'agit-il de destruction par le feu? L. 9. *dam* et *mu* sont douteux, mais me paraissent plus sûrs que *nin* et *na* (*i-nin-na* . . . .) que j'avais cru lire jadis sur l'original.

<h3 align="center">K. 1367 (D.A., p. 206).</h3>

Transcription et Traduction.

7. . . . . *êkurrê qaqqad-su-nu a-na šamê it-ta-na-aš-ša-a*
   [Si dans une ville] les temples leur tête jusqu'aux cieux
   élèvent

8. . . . . *mâtu lâ ikân kussû išanni-(ni) libbu mâti ul iṭâb*

   . . . . du pays ne sera pas stable, le trône changera, l'intérieur du pays ne sera pas heureux

9. *Šumma alu šaplân bît ili šakin alu šuâtu ilâni-šu isalimmû-šu*

   si une ville dessous un temple se trouve, cette ville ses dieux lui seront favorables

10. *Šumma alu elân êkalli šakin alu šuâtu nišê-šu issapaḫû*

    si une ville au-dessus d'un palais se trouve, cette ville ses habitants (littéralement : ses peuples) seront disséminés

11. *Šumma alu dup-qi-na-šu qiššê ú-še-ṣa-a*

    si une ville ses ? des concombres produisent

12. *Alu šuâtu akal nap-ša ikkal*

    cette ville une nourriture abondante mangera

13. *Šumma alu II il-lu-ra II alu šuâtu ili-šu salîma išakkan-šu*

    si une ville ses ? de l'herbe abondante produisent, cette ville son dieu de la bienveillance lui accordera

14. *Šumma alu sûqi-šu i-ṣa-ḫir nadê-(e) ali*

    si une ville sa rue (principale) est petite, destruction de la ville

15. *Šumma alu sûqi-šu nišê ú-šad-ma-am alu šuâtu ili-šu isalim-šu*

    si une ville sa rue (principale) fait gémir. les peuples, cette ville son dieu lui sera bienveillant

16. *Šumma alu idlê ṭâbu alu šuâtu salima-(ma) iši*

    si une ville les hommes bon (caractère), cette ville aura de la faveur

17. *Šumma alu idlê limnu alu šuâtu qât ili-šu*

    si une ville les hommes mauvais (caractère), cette ville main (c'est-à-dire châtiment) de son dieu

18. *Šumma i-na ali tu'âmê ma-'-du nadê-(e) ali*

    si dans une ville des jumeaux beaucoup, destruction de la ville

19. *Šumma i-na ali (šal) pisâti II alu šuâtu libbi-šu iṭâb*

    si dans une ville des femmes boîteuses beaucoup, cette ville son intérieur sera heureux

20. *Šumma i-na ali LIL.MEŠ II lib-bi ali iṭâb*

si dans une ville des fous (?) beaucoup, l'intérieur de la ville sera heureux

21. *Šumma i-na ali rab-bu-tum II nu-kur-tum šarrâni*

si dans une ville il y a des êtres bornés beaucoup, inimitié des rois

22. *Šumma i-na ali emqûti II nadê-(e) ali*

si dans une ville il y a des êtres intelligents beaucoup, destruction de la ville

23. *Šumma i-na ali (amêl) DIR.MEŠ II lib-bi ali šuâti iṭâb*

si dans une ville des hommes ? beaucoup, l'intérieur de cette ville sera heureux

24. *Šumma i-na ali Ú.KUB.MEŠ II lib-bi ali šuâti iṭâb*

si dans une ville des ? beaucoup, l'intérieur de cette ville sera heureux

25. *Šumma i-na ali ŠI.NU.TUK.MEŠ II na-zaq ali*

si dans une ville il y a beaucoup d'aveugles (ou de borgnes), tourment pour la ville

26. *Šumma i-na ali ŠAL.MEŠ ziqna zaq-na mâta dibiru iṣabbat-(bat)*

si dans une ville il y a des femmes barbues, l'épidémie saisira le pays

27. . . . . *ilu (amêl) ḪUŠ.A ina ali innamir alu šuâtu i-ḫar-ru-ub*

si . . . . . . un génie effrayant dans une ville est vu, cette ville deviendra un désert

28. . . . . *ilu IM.DUGUD.ḪU[1] ina ali innamir alu šuâtu qât ili ikaššad-su*

. . . . le dieu Zû dans la ville on voit, cette ville la main du dieu l'atteindra

---

[1] Lire sans doute ►⸢⫥⸣ au lieu de ►►⸢ ⸣.

29. . . . . *ilu šêdu ina ali innamir alu šuâtu i-ḫar-ru-ub*

. . . . un génie dans la ville est vu, cette ville
deviendra un désert

Je saute quatre lignes.

34. *Šumma qi-gal urri ina ali innamir alu šuâtu limna išakkan*
si une fosse à ciel ouvert dans une ville est vue, cette ville le
mal fera

35. *Šumma (šam) KI . DI ina ali innamir alu šuâtu i-ḫar-ru-ub*
si la plante *kidi* dans une ville est vue. cette ville deviendra
un désert

36. *Šumma (šam) nînû ina ali innamir alu šuâtu i-ḫar-ru-ub*
si de l'ammi dans une ville est vu, cette ville deviendra un
désert

VERSO.

1. *Šumma i-na eli ṭâbti (šam) KAN . KAL innamir šaḫluqtu . . .*
si sur du sel (terrain salé) on voit la plante *kankal*, destruction
de . . . .

2. *Šumma up-pu ina qabal ali pu-ut-tu-ú u . . . .*
si un ? au milieu d'une ville ouvert . . . .

3. *šaḫluqtu Sippar*
destruction de Sippar

4. *Šumma eš-ri-it ali uš-ga-ma-am-ma alu šuâtu . . . .*
si le temple d'une ville est silencieux, cette ville . . . .

5. *Šumma sûqu rabû ali uš-ga-ma-am-ma alu šuâtu . . . .*
si la grande rue de la ville est silençieuse, cette ville . . . .

6. *Šumma (iṣ) gišimmaru ina libbi ali uṣṣi-ma ina ki-di . . . .*
si un palmier au milieu d'une ville sort et que en bas . . . .

7. *ina libbi ali lâ innamir šaḫluqtu UD . DU? . . . .*
dans l'intérieur de la ville n'est pas vu, destruction de ? . . . .

8. *Šumma GIŠ . Ů . ŠUB zi-ĝiĝ narkabti amêli kaspi innamir* . . . .

> si   le   ?   la pointe du char de l'homme en argent est vu . . . .

Bord gauche.

9. . . . . *MEŠ ištêniš ilsi-(si) ḫa-rab ali u na-me-e-šu* . . . .

> . . . . ensemble parle (crie), dévastation de la ville et de ses environs

10. *Šumma qi-gal* . . . . *alu šuâtu qât nakri-šu ikašad-su*

> si une fosse . . . . cette ville, la main de son ennemi l'atteindra

Bord droit.

11. . . . . *a alu a-ṣa-at-ma innamir ana ummâni me-e ali uṣṣi-ma* . . . .

> . . . . . . la ville sort et est vu, pour l'armée (?) les eaux de la ville sortiront

12. . . . . *lâ innamir šaḫluqtu Dûr-ili*

> . . . . . . n'est pas vu, destruction de Durilu.

Remarques.

L. 11, *dupqinu*, pour ce mot qui désigne peut-être un emplacement dans la ville, voir plus haut p. 41.   L. 19, *BA-AN-ZA* d'après K. 4171 = *pi-su-u* = hébreu פִּסֵּחַ ; voir aussi V R. 26, No. 2 obv., l. 21, qui mentionne le nom d'un arbre ⬦ [⬦] ⬦ ⬦ = *pi-is-su-[u]*.   C'est un mauvais signe, si une femme met au monde un boîteux ou une boîteuse. S. A. Smith, *Miscellaneous A. Texts*, p. 22 (K. 258), l. 23 et l. 24.   L. 20. *LIL* désigne aussi un être qui n'est pas tout à fait normal.   L'on pourrait rapprocher ce *LIL = lillu* du syriaque ܠܝܠܐ *stultus*, fou, stupide ; en outre le substantif *lillutu*, ZA., XVI, p. 170, l. 40, signifie un état de maladie, quelque chose d'anormal et le *amêl LIL* (El Amarna, B. 73, l. 40) est sans doute le même mot.   L. 23, *malû* dans certains cas signifie saleté, impureté, s'agit-il dans notre texte de galeux ou lépreux ?   L. 24. *Ů-KUB* ; un substantif *ukupu* se trouve, Del., *H.W.*, p. 515, mentionné après *pa-gi-e* ; le sens m'échappe. Il est question dans les lignes 27, 28 et 29 de génies, qui apparaissent dans la ville. L. 34, *qigallu*, Del., *H.W.*, p. 317, Meissner, *Supplem.*, p. 83 et Jensen, *K.B.*, VI, p. 472, signifie souterrain, fosse, soupirail ; *qigal urru* = cavité qui laisse pénétrer la lumière. Ce terme revient également K. 3969 et K. 3737, deux textes de même contenu, dans lesquels il est question de ce qu'on voit en rêve, dans tel ou tel lieu, dans un jardin ; de l'apparence de certaine partie d'un temple, d'un palais, d'un champ, du sol du pays, du . K. 3969 devra donc être publié avec K. 3737 et en attendant je me bornerai à en citer quelques lignes.

TRANSCRIPTION ET TRADUCTION.

1. *Šumma êkallu rubi kîma nêšu* [*innamir-*(*ir*)] . . . . . .
   si le palais du prince a l'apparence d'un lion . . . . . .

2. *Šumma iq-lum ir-mu-um* . . . .
   si un champ rugit . . . . . .

3. *Šumma ašar mâti ir-mu-um* . . . . . .
   si le sol du pays rugit . . . . . .

[1]  K. 3737. [2] *sic!* K. 3737.

4. *Šumma qi-gal urri ina eqli a* . . . .
   si une fosse à ciel ouvert dans un champ . . . . .

5. *Šumma ṣab-bu-tu ina mâti im* . . . .
   si un (une)? dans le pays est . . . .

6. *Šumma idâti limnêti ḫa-da-a-tum* . . . . .
   si des signes funestes heureux . . . . .

7. *ina mâti alâni êkallâti u iqli* . . . . .
   dans le pays les villes les palais et un champ . . . . .

8. *alu šuâtu issapaḫ-(aḫ) êkallu šuâtu iḫalliq iqlu* . . . . .
   cette ville sera détruite, ce palais ruiné, (ce) champ . . . . .

9. *Šumma mimma ša ina mâti lâ bašû-(û) ina a-li innamir-(ir)
   alu* . . . . .
   si quelque chose qui n'existe pas dans le pays, est vu dans la
   ville (cette) ville . . . . .

10. *Šumma šamnu ina mâti innamir-(ir) šarru* . . . . . .
    si de l'huile dans le pays est vue, le roi . . . . .

11. *Šumma šizbu ina mâti innamir-(ir)* . . . . .
    si du lait dans le pays est vu . . . .

Revenons à K. 1367. L. 35. ⊨𝍠⊨ ⟨𝍠 ⟨𝍡 revient K. 4354,
liste de plantes, *C.T.*, XIV, Pl. 18, obv., Col I. l. 16. L. 36, *nînû* est
connu, voir en dernier lieu, Küchler, *B.M*, p. 83. Verso, l. 1,
⟨𝍠 𝍡𝍠 ici ne peut être *kinûnu*, mais *ṭâbtu* sel, terrain? salé, l'on
constate qu'il est étrange d'y rencontrer telle ou telle plante. *Kankal*
plante mentionnée, *C.T.*, XIV (K. 4354), Pl. 18, obv., Col. II,
l. 16, et King, *Magic*, p. 52, l. 25 et DA., p. 78, l. 9. Pour le vrai
sens de *šqmm*, l. 4 et 5, voir Jensen, *K.B.*, VI, 355. La ligne 8 est
obscure. *GIŠ. Ù.ŠUB* est le moule (voir les cylindres de Gudea,
traduction Thureau-Dangin).[1] Un mot *šiluru* (Meissner, Muss-Arnolt)
n'existe pas. M. Thureau-Dangin m'écrit qu'il y a longtemps qu'il a
noté que ce terme n'est autre que *giš. ù. šub = nalbantu*. Un chapitre
de l'ouvrage d'Artémidore concerne les villes, Livre IV, Chap. 60,
Περὶ πόλεων.

---

[1] Voir aussi 85210 (*C. T. IX*), Col. III Rev., ll. 23 et 24.

Rm. 2,532 complète K 1367. Dans un passage il est prédit la ruine de Nippur (*šaḫluqtu EN . LIL^ki*). Il s'agit de ce qu'on remarque dans la ville, de la présence de certains animaux, tels que 𒀀𒀀𒀀 𒀀 𒀀 et 𒀀𒀀𒀀 𒀀 𒀀. Si la grande porte de la ville s'ouvre subitement, cela a sa signification omineuse. L'oiseau 𒀀𒀀 𒀀𒀀 𒀀 s'il est noir symbolise le malheur dans Sm. 230 (voir le *Catalogue*), où son apparition en ville annonce l'approche de l'ennemi, une éclipse, les sauterelles, le *tib zizani* c'est-à-dire l'approche d'un animal nuisible dénommé *zizanu*. Rm. 2,532 étant mal conservé ne nous permet pas de savoir s'il s'agit d'un 𒀀𒀀 𒀀𒀀 𒀀 noir ou blanc. Pour ce dernier, voir K. 6734. Voir aussi la mention de cet oiseau dans mon *Choix de Textes*, p. 254, note 709. La vue des champs, des travaux du laboureur, des arbres et des plantes innombrables invite le devin à rendre des oracles. Il comprend mieux que personne le langage de la nature, lui qui est le poète par excellence comme le *šâ'ir* arabe. Un Pindare n'est-il pas aussi un poète-voyant, qui interprète la pensée d'Apollon et la transcrit en vers magnifiques ?[1] L'antique poésie pastorale babylonienne s'est réfugiée au sein de la littérature augurale et les invocations du *bârû* sont parfois conçues dans un style imagé, qui contraste agréablement avec les formules divinatoires si monotones. (Voir les *Ritualtafeln* de Zimmern, No. 100, p. 215.) Un document important que j'ai publié DA, p. 75, et qui est coté K. 9284 ne nous retiendra pas longtemps. Nous retombons dans les nomenclatures sèches des phénomènes observés, après avoir salué au passage les rares débris de la poésie augurale. Je me bornerai comme précédemment à quelques citations de K. 9284. DA., p. 75.

11. [*Šumma*] . . . . . *ašri palga iḫ-ri NA šuâtu immagar-ma aššata iši bîtu šuâtu ana pâni-šu illak-(ak)*

   [si] . . . . . dans le sol un canal il creuse, cet homme sera agréé, et il aura une épouse, cette maison marchera devant lui

12. [*Šumma*] . . . . . *ašri parakka e-pu-uš ṣibit libbi limni eqlu šuâtu ḫu? innadi* (?)

   [si] . . . . . dans le sol un sanctuaire il établit, étreinte d'un cœur méchant, ce champ sera détruit

---

[1] Voir Bouché-Leclercq, *Histoire de la Divination*, Tome I, p. 21.

13. [*Šumma*] . . . . . *ina si-ma-ni i-riš ṣal-tu (ni-tu) ili ana ali
ibašši amêlu šuâtu libbu ili KID*(?)

[si] . . . . . en temps opportun (fixé) il laboure, opposition
(barrière) du dieu à la ville sera, cet homme le ? . . . . .

18. *Šumma eqlu libbi ali (iṣ) baltu-(tu) innamir eqil ugari šuâti
innadi-(di) amêlu šuâtu imât lâ iššir*

si dans un champ au milieu de la ville du bois de *baltu* blanc
on voit, le champ de ce territoire sera détruit, cet homme
mourra ; il ne réussira pas

32. *Šumma eqlu libbi ali ilu Rammân irḫiṣ-(iṣ) NA šuâtu šatti
III kan ina ku-ri u nissati ? -MEŠ*(?)

si le champ au milieu de la ville Rammân inonde, cet homme
pendant trois ans dans la détresse et les lamentations ?

33. *Šumma ina riḫṣi-šu išâtu mimma ú-qal-li nadû eqli šuâti NA
šuâtu imât*

si pendant son orage (inondation) le feu quelque chose brûle,
destruction du champ, cet homme mourra

34. *Šumma ṭi(di)-bi-iḫ narkabti iš-kun apil-šu iš-šal-lal[1] NA šuâtu
imât*

si le ? d'un char il place, son fils sera fait prisonnier, cet
homme mourra

37, *Šumma eqla epra tam-la-a ú-ma-al-li mûši šu-tim damiq-tim
immar ili-šu sa-lim-šu*

s'il remplit le champ de terre rapportée, pendant la nuit un
songe favorable il verra, son dieu lui sera favorable

38. *Šumma DUL (tila) u ṬU.LAL (mušpala) ša eqli uš-te-šir
pû-(u) mitgâru iššakan-šu ilu rêṣu NA ?*

s'il fait prospérer (dirige bien) le haut et le bas du champ une
parole favorable lui sera donnée, le dieu protecteur de
l'homme

39. *Šumma eqlu ŠAK.KI.GUD ana bîti ḫubullu irrub damqaru
i-be-el-la*

si le champ un -? -?, dans la maison le revenu entrera, le mar-
chand sera ruiné

[1] *lal* sans doute et non *me.*

40. *Šumma eqlu sîru ri-im ili ana amêli ibašši ili-šu eli-šu iṭâb-šu*

si le champ (a) une enceinte, miséricorde du dieu envers l'homme, son dieu sera bon envers lui

41. *Šumma eqlu pitiqtu la-wi li-pit qâti-šu iššir lib-šu ḫadû*

si un champ un mur de terre entoure, l'œuvre de sa main réussira, son cœur joyeux

42. *Šumma ina libbi eqli siḫla*[1] *i-pu-uš ebûru iššir-(ir) NA šuâtu ašaridûtam illak*

si au milieu du champ du *siḫlu* il cultive, la récolte prospérera, cet homme marchera au premier rang

44. *Šumma X e-zi-zu X e-zi-iz ili ana amêli ibašši širu šuâtu ul iṭâb*

si "idem" du ezizu "idem" le courroux du dieu contre l'homme sera, ce signe n'est pas heureux

50. *Šumma ina eqli še-am im-mil (im-iš) qiṣ ali libbi-šu ul iṭâb*

si dans le champ le blé est?, trouble de la ville, son cœur ne sera pas heureux, etc., etc.

VERSO.

1. *Šumma ina libbi eqli še-a ša II (?) qaqqadê-ša innamir ina ali . . . . .*

si dans le milieu du champ un épi qui a sa tête double on voit, dans la ville . . . . ., etc., etc.

4. *Šumma še-a i-na la si-ma-ni-ša innamir mâtu ša-kin-ša išanni-(ni)*

si on ne voit pas le blé en son temps habituel, le pays son gouverneur changera, etc., etc.

9. *Šumma ina* 〈𒈨𒌋 *eqli (šammu) arantu-(tú) ina eqli ugari ibši*

si dans le ? du champ la plante *arantu* se trouve dans le champ de la campagne

---

[1] 𒈨 sans doute au lieu de 𒈨.

10. *ašru šu-a-tum nakru i-kab-ba-aš-ma innadi-(di)*

    ce sol l'ennemi foulera et il sera ruiné

11. *Šumma X dâmu ina eqli ugari ibši eqil ugari šuâti šattu III kan innadi-(di)*

    si "idem" du sang dans le champ de la campagne il y a, ce champ de la campagne au bout de trois ans sera ruiné.

Remarques.

Ce document est de même nature que Rm. 122, que M. Delitzsch cite souvent dans son dictionnaire; K. 2011 (*Catalogue*, p. 385)[1] et son duplicata K. 149, publié D.A., p. 31 et p. 83, se rattachent par leur contenu au groupe des documents, qui renferment les présages fournis par divers végétaux aperçus dans certains lieux d'une ville ou d'un territoire. Rm. 122 est important au point de vue lexicographique et mériterait d'être publié *in extenso*. L. 18, *baltu*, voir Muss-Arnolt, *Concise Dictionary*, p. 168, et Küchler, *B.M.*, glossaire. L. 33. ⟨𒌋 ⤚𒃷 = *riḫṣu*, K.B., I., p. 88, l. 106; *Annals of the Kings of Assyria*, Vol. I., p. 335, l. 106. Voir aussi Craig, *Astrological-Astronomical Texts*, p. 30, l. 25: il y aura ⟨𒌋 ⤚𒃷 (= *riḫṣu*) dans le pays. L. 38. 𒌋 𒁹 = *ṬUL.LAL* = *mušpalu*; il est possible donc que 𒌋 𒁹 = *ṬU.LAL* = aussi *mušpalu* d'après le contexte. L. 39 même phrase dans Rm. 122 avec explication des termes. L. 41. 𒀯𒁹 ⤚𒁹 𒉿 = *pitiqtu* d'après Rm. 122, Del., *H.W.*, p. 555, et Thompson, *The Devils and Evil Spirits*, Vol. II, glossaire. Je crois que l. 39 et l. 40 il y a un verbe sous-entendu dans le premier membre de la phrase peut-être *la-wi* (l. 41) de *lawû* (*lamû*). L. 42. *epešu* a ici un sens précis, planter, voir Hammourabi code (traduction Scheil), Col. XV, § 56, *ipšetim ša eqli* = plantations du champ. Depuis le travail de Scheil il a paru une excellente traduction de Johns: *The Oldest Code of Laws. Siḫlu*, voir pour ce mot Küchler, *B.M.*, glossaire. L. 44 remarquer le calembour *ezizu* et *eziz iḫ*. L. 50, *immil* passé d'un verbe *namâlu*; ou *imiš* passé d'un verbe *mâšu*, Del., *H.W.*, p. 391. Verso, l. 9, 𒉿𒌋 ⟨𒌋 𒉿 = *arantu*,

---

[1] Au lieu de 𒉿𒉿 𒃷 ⤚𒁹 lire 𒉿𒉿 𒃷 ⤚𒁹, D.A., p. 84, l. 41.

d'après Rm. 122, Del., *H. W.*, p. 135.   Voir le texte suivant, Verso,
l. 14.   J'ignore quel endroit du champ est désigné par ⟨cunéiforme⟩
voir aussi l. 18 et l. 20.   K. 2882 a sa place marquée ici et quoique
ma copie soit ancienne, elle me paraît devoir être communiquée,
d'autant plus qu'elle donne le texte presque complet.

RECTO.

1.   ⟨signes cunéiformes⟩

2.   ⟨signes cunéiformes⟩

3.   ⟨signes cunéiformes⟩

4.   ⟨signes cunéiformes⟩

5.   ⟨signes cunéiformes⟩

6.   ⟨signes cunéiformes⟩

7.   ⟨signes cunéiformes⟩

8.   ⟨signes cunéiformes⟩

9.   ⟨signes cunéiformes⟩

10.   ⟨signes cunéiformes⟩

11.   ⟨signes cunéiformes⟩

12.   ⟨signes cunéiformes⟩

13.   ⟨signes cunéiformes⟩

14.   ⟨signes cunéiformes⟩[1]

15.   ⟨signes cunéiformes⟩

---

[1] Ma copie est incertaine ; n'est-ce pas plutôt ⟨signe⟩ (*lal*) ?

VERSO.

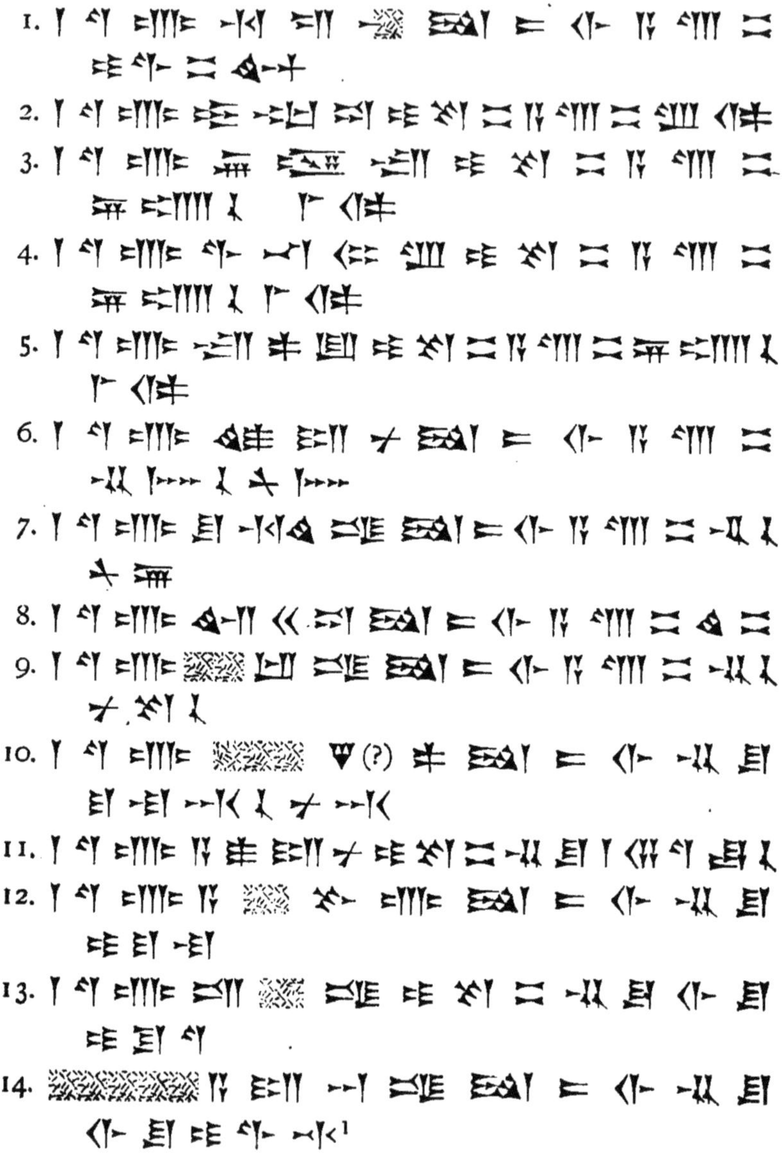

[1] Ma copie incertaine porte 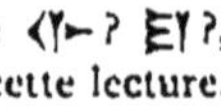, mais je n'hésite pas à corriger en , sans vouloir imposer cette lecture.

Transcription et Traduction.

1. *Šumma iṣ ?* [1] *a-dir ilu Nin-giš-zi-da ṭi-'-a ina mâti išakan-(an)*
   si l'arbre — ? est triste, le dieu *Ningišzida* la fièvre dans le
   pays établira

2. *Šumma (iṣ) tittu a-dir di-ḫu ina mâti ibašši-(ši)*
   si un figuier est triste, il y aura abattement dans le pays

3. *Šumma (iṣ) ḫašḫûru a-dir di-ḫu ina mâti ibašši-(ši).*
   si un arbre *ḫašḫur* est triste, il y aura abattement dans le pays

4. *Šumma (iṣ) bînu a-dir libbu mâti ul iṭâb*
   si un tamarix est triste, l'intérieur du pays ne sera pas heureux

5. *Šumma (iṣ) gišimmaru a-dir libbu nišê ul iṭâb*
   si un palmier est triste, le cœur des peuples ne sera pas bon

6. *Šumma (iṣ) NAM. TAR a-dir šîru nišê ul iṭâb*
   si un *namtar* est triste, la chair (la santé) des peuples ne sera
   pas bonne

7. *Šumma (iṣ) ašâgu a-dir šîru nišê ul iṭâb*
   si un arbre épineux est triste, la chair (la santé) des peuples
   ne sera pas bonne

8. *Šumma (iṣ) baltu a-dir ḪI. BI*
   si un *baltu* est triste, effacé

9. *Šumma qanû a-dir abu u kištu iḫalliqû*
   si un roseau est triste, la roseraie et le bois seront détruits

10. *Šumma ûmi (šam) ḫa-ab-bu-ru pi-ṣi-e it-tab-ši êburu šu-a-tum*
    si un jour du *ḫabburu* blanc se trouve, cette moisson

11. *ilu Rammân iraḫiṣ-(iṣ)-šum-ma nakru imaši'-('i)*
    le dieu Rammân inondera et l'ennemi ravagera

12. *Šumma ûmi (šam) iš-te-en šu-ul-pu II III šu-bu-ul-la-tum*
    si un jour un *šulpu* a deux ou trois épis

----

[1] *ḫanibu?*

13. *eqlu šu-a-tum bêli-šu inadi-šu ugaru šuâtu i-ḫar-ru-ub*

ce champ son propriétaire le délaissera, ce domaine deviendra désert

14. *Šumma ûmi (šam) qas-si-pu i-te-bi ašra ugari šuâti nakru i-kab-ba-as ebûra-ša i-šal-lal (?)*

si un jour le *qassipu* pousse (s'élève), le lieu de ce territoire l'ennemi foulera, de sa moisson il s'emparera

15. *Šumma ûmi la-ar-du i-te-bi eqlu šuâtu i-tal-bi-'*

si un jour le *lardu* pousse (s'élève), ce champ sera clôturé

Verso.

1. *Šumma ûmi (šam) ḪU . SI . . . . it-tab-ši eqlu šuâtu i-tal-bi-?*

si un jour du *ḫusi* . . . . se trouve, ce champ sera clôturé

2. *Šumma ûmi (šam) kan-ka-du i-te-bi eqlu šuâtu innadi-(di)*

si un jour du *kankadu* pousse (s'élève), ce champ sera délaissé

3. *Šumma ûmi (šam) sa-as-su i-te-bi eqlu šuâtu NI . DUB-šu imaṭṭi-(ṭi)*

si un jour du *sassu* pousse (s'élève), ce champ son rendement(?) diminuera

4. *Šumma ûmi (šam) pi-na-mi-ru i-te-bi eqlu šuâtu NI . DUB-šu imaṭṭi-(ṭi)*

si un jour du *pinamiru* pousse (s'élève), ce champ son rendement(?) diminuera

5. *Šumma ûmi (šam) su-pa-lu i-te-bi eqlu šuâtu NI . DUB-šu imaṭṭi-(ṭi)*

si un jour du *supalu* pousse (s'élève), ce champ son rendement (?) diminuera

6. *Šumma ûmi (šam) mur-ra-nu it-tab-ši eqlu šuâtu bêlê-šu inakirû*

si un jour du *murranu* se trouve, ce champ ses propriétaires seront ennemis

7. *Šumma ûmi (šam) šu-mut-tum it-tab-ši eqlu šuâtu bêli-šu inakir-(ir)*

   si un jour du *šumuttu* se trouve, ce champ son propriétaire changera (?)

8. *Šumma ûmi (šam) im-man-du it-tab-ši eqlu šuâtu ḤI . BI*

   si un jour du *immandu* se trouve, ce champ " effacé "

9. *Šumma ûmi (šam) . . . . -ib(ip)-tum it-tab-ši eqlu šuâtu bêli-šu ul iṭeḫi-šu*

   si un jour du . . . . . -iptu se trouve, ce champ son propriétaire ne s'en approchera pas

10. *Šumma (šam) . . . . ša(?)-pa it-tab-ši bêli-šu ma-la-ti-šu ul ilaqqi*

    si du . . . . *šapa* se trouve, son propriétaire n'emportera pas son excédent (son produit complet)

11. *Šumma ûmi (šam) a-aš-ra-nu i-te-bi bêli-šu ana kaspi inadin-šu*

    si un jour du *ašranu* pousse (s'élève), son propriétaire le vendra

12. *Šumma ûmi (šam) a- . . . pu-û it-tab-ši- bêli-šu i-ma-la*

    si un jour du *a . . . pû* se trouve, son propriétaire sera dans l'abondance

13. *Šumma ûmi (šam) iš- . . . tum i-te-bi bêli-šu pâni-šu i-qat-tam*

    si un jour du *iš . . . tu* pousse (s'élève), son maître voilera sa face

14. [*Šumma ûmi šam*] *a-ra-an-tum it-tab-ši bêli-šu pâni-u i-pi-ti?*

    [si un jour] du *arantu* se trouve, son propriétaire ouvrira (découvrira) sa face

Remarques.

J'ai donné un fragment de ce texte dans *P.S.B.A.*, Vol. XXIV (1902), p. 226. L. 1. La mention du dieu *Ningišzida* qui attire la fièvre est intéressante. Dans un texte très important, Rm. 2, 174, nous trouvons cette divinité associée à une étoile dans le nom de laquelle figure le serpent.

[signes cunéiformes] [1]

Ningiszida seigneur de la terre (*bêl irṣitim*), sorte d'Esculape, qui est l'auteur des maladies et aussi celui qui guérit, est le patron de Gudea.   Sur un vase sculpté consacré par ce prince à *Ningiszida*, l'on voit deux serpents qui s'enlacent et M. Heuzey qui nous a donné une description très complète de cet objet ajoute : " La comparaison avec les serpents d'Esculape et d'Hygie n'est pas non plus hors de propos, quand il s'agit d'un vase à libation consacré pour la santé du chef de Sirpourla."   (*Catalogue des Antiquités Chaldéennes*, p. 284.)   Sur l' autre face de Rm. 2, 174 il est question de présages astrologiques tirés de l'observation de Mars, et, comme d'après ma copie le début de chaque ligne est conçu ainsi :

[signes cunéiformes], etc., etc.

j'en conclurais (si ma copie est exacte) que [signe] a la même signification que [signe] et [signe] c'est-à-dire étoile, astre.   J'ai insisté sur Rm. 2, 174 parce qu'il y est question de *Ibi Sin* (*Ine Sin*) roi d'Our que l'oracle annonce devoir être emmené prisonnier en Elam ([signes cunéiformes]).   C'est ainsi qu'un document astrologique nous renseigne sur la fin de la dynastie d'Our.   M. Thureau-Dangin dans *Z.A.*, XV, p. 408 avait écrit : " On perd la trace de la dynastie d'Ur à partir d'Ine-Sin."   Ce prince est mentionné dans d'autres tablettes astrologiques et nous le retrouvons p. ex. dans Craig, *Astrological-Astronomical Texts*, p. 80, K. 6102 Obv., l. 8.[2]   K. 6102 Obv., K. 2990 Obv. (Craig, p. 81), K. 2314 (Craig, p. 82) et Rm. 2, 174 précité renferment des passages similaires.   Il serait à désirer que Rm. 2, 174 fût bientôt publié ; il renferme des données intéressantes sur certaines étoiles.   C'est ainsi qu'on apprend que l'étoile [signe] est la (demeure) *šu-bat* d'Ea ([signes cunéiformes]) ; que Régulus [3] est le [signes cunéiformes] d'Anu et d'Istar ; que les Gémeaux qui se tiennent en face de Régulus sont [signes cunéiformes] et *ilu La-ta-rak* (Jensen,

----

[1] [signe] ?

[2] Le texte donné par Craig n'est pas tout à fait correct, lire [signes cunéiformes] [signes cunéiformes], etc.

[3] *Sib-zi-an-na.*

Cosmologie, p. 478) etc., etc.   L. 2 et 3, *diḫu,* pour ce mot voir les dictionnaires ; il désigne probablement un mauvais état de santé, peut-être un genre de maladie.   Un autre *diḫu C.T.,* XX, Pl. 40, Col. I, 24 ; Pl. 41, Col. VI, l. 13 et K. 4432, l. 2 ; Pl. 42, Col. VI, l. 23 et l. 24, n'est pas synonyme de *zunnu* ou *riḫṣu* ; si l'on constate chez la victime un *diḫu,* un *diḫu* noir, cela annonce une pluie torrentielle.   *Diḫu* indique une anomalie dans l'organe, tumeur (?) etc.   L. 10. *ḫabburu,* Del., *H.W.,* p. 268.   L. 11, *mašû,* Del., *H.W.,* p. 428, Craig, *Astrolog.-Astronomic. Texts,* p. 68 Obv., l. 8, *ekal rubi im-maš-ša-?-*(?) : le palais du prince sera ravagé.   III R. 65, No. 1 Obv., l. 42, la propriété de ton pays l'ennemi pillera (*sic !* *sic !*).   L. 15, *lardu,* d'après Hommel, serait νάρδος, *P.S.B.A.,* 1899, p. 136.   Verso l. 2, *kankadu* (*KAM . KA . DU*), Küchler, *B.M.,* p. 32, l. 53 et Meissner, *Supplem.,* p. 48.   L. 5, *supalu,* Meissner, *Supplem.,* p. 74 et *M.V.A.G.,* 1904 (3), p. 34.   L. 6, *murranu,* Del., *H.W.,* p. 427 et Küchler, *B.M.,* p. 109 (*GIŠ . MA . NU*).   L. 7, *šumuttum,* Zimmern, *Ritualtafeln,* p. 14, l. 27.   L. 8, *immandu* (*IM.MAN.DU*), Küchler, *B.M.,* p. 48, l. 60.   L. 12, faut-il lire *a-[la]-pu-u* nom de plante connu ?   L. 14, *arantu,* Meissner, *Supplem.,* p. 17.

L'on conçoit très bien que le règne végétal ait fourni un si grand contingent de prodiges.   Les arbres heureux et malheureux jouaient leur rôle dans la divination assyro-babylonienne comme dans celle des Hellènes.   Artémidore a consacré un chapitre aux arbres, Περὶ δένδρων παντοίων[1] ; parlant du laurier cher à Apollon, il s'exprime ainsi :   " Le laurier symbolise la femme riche parce qu'il est toujours verdoyant et la femme belle parce qu'il a la grâce ; l'absence et l'exil à cause de la légende qui a trait à cet arbre ; enfin la non réalisation de ce que l'on souhaite parce qu'il est amer et non comestible.   Les médecins et les devins doivent le prendre (s'en couronner) dans l'exercice de leur art à cause d'Apollon."   Dans un prochain travail je me propose de faire connaître quelques textes relatifs à l'iatromantique.   Les médecins en Assyrie devaient aller à l'école des augures ; on leur demandait bien de guérir les malades mais on exigeait surtout d'eux de bonnes paroles et des pronostics favorables. L'omen l'emportait alors sur la pilule.

---

[1] **Livre II, chapitre XXV.**

INDEX DES TABLETTES INÉDITES OU DÉJA PUBLIÉES QUI SONT TRADUITES OU SEULEMENT MENTIONNÉES DANS CE VOLUME.

[1] *Documents Assyriens relatifs aux présages.* Paris (E. Bouillon), 1894–1899.

[1] Virolleaud, *Fragments de Textes Divinatoires*, p. 13.
[2] Weissbach, *Z. D. M. G.*, 1899, p. 665.

ADDITIONS ET CORRECTIONS.

M. le professeur Zimmern a bien voulu me signaler les remarques et les corrections suivantes, que je suis très heureux de pouvoir encore insérer ici :

P. 2, l. 1. ajouter après *ašri-šu* : *KU-pi.*[1]

P. 2, l. 2. lire *masabba ili na-ši*, etc., etc.

P. 3, l. 19. lire *Šumma* ⁱˢ*KAK . UT . TAG . GA*, etc., etc.

P. 3, l. 22. lire *šulputta-šu ;* (*šulputtu?* ou *lumnu ?*).

P. 4, l. 25. ⸻ = *kabtu* et non *kidinu*.

P. 7, l. 7. *šîri-šu ul iṭâb* = sa chair ne sera pas bonne.

P. 8. 79–7–8, 103, n'est pas un omen. Rapprocher ce document de Craig, *Rel. Texts*, II, 4, ll. 31 et suiv. Lire donc :

> *ana ebri u tappê lu it-ma* etc., etc.

Ces textes semblent rentrer dans la catégorie de *Šurpu*, III.

P. 12, l. 3. *ibâl* paraît être une forme apocopée de *ibali.* Del., *H.W.*, p. 173, signale un בלה = adorer. Voir à ce propos *O.L.Z.*, 1905, p. 334, article de Streck.

P. 12, l. 6. *nazâmu* signifie consacrer, vouer. Voir *Šurpu*, II, 77 (IV R²., 51, Col. II, 20), et Gesenius-Buhl[14] s.v. נם ; ⸻ = naturellement *bartu*.

P. 18, l. 8. *ma-ḫaz ili* (de *maḫâzu*).

P. 19, l. 15. *aššat* et non *mârat*.

P. 20, l. 1 en bas, au lieu de *ilu Marduk* lire *ilu-šu*.

P. 21, l. 5. lire ⸻ ⸻ et *ittil* de *natâlu*.

P. 22, l. 4. ⸻ = *kabtu* = personnage considérable, de haut rang.

P. 23, l. 4. *šumu damiqtim* plutôt que *mukil damiqtim*.

P. 27, l. 8. *purkullûtam* au lieu de *purkultam*. Au bas de la page, lire ⸻ ⸻ (au lieu de ⸻ ?) ⸻ = *sasinûta* ou *ṣadimmûta* = joaillerie, taille de pierres.

P. 29, l. 1. au lieu de *duḫdu* lire *ṭuḫdu*, Zimmern, *Z.D.M.G.*, 58, 952.[2]

---

[1] Comme je l'ai fait remarquer dans mon ''Choix de Textes, p. 261, note 4, le recto et le verso ont été intervertis dans mon édition (D.A.). Lire naturellement Recto au lieu de Verso, page 4 du présent fascicule.

[2] Je rappellerais aussi *Z.A.*, VIII, p. 198, S. 21, obv., l. 3, ⸻ ⸻ = *ṭaḫ-du.*

P. 30, l. 3. ⊢< = *kabtu.*

P. 31, l. 11. *kabâtu niši nâmur* = écrasement du peuple se verra ? En bas de la page, au lieu de *ramân(man)-ša* lire *im-man-gar.*

P. 33, l. 1. *šib-sa-at* colère, au lieu de *me-sa-at.*

P. 33, l. 3. *Parsa^ki* n'est pas la Perse, voir Jensen, *Z.A.,* XV, 215.

P. 35. [cuneiform] plutôt *rîm* que *šûzub.* K. 4575 et K. 2266 ont été réunis.

P. 39, l. 13. *alu šuâtu adi mimma lâ bašê-(e) illak,* cette ville marchera au néant.

P. 40, l. 7. *mi-ši* plutôt que *muši-(ši).*

P. 43, ll. 16 et suiv. Au lieu de *išpuk nu-šu* lire *iddinu-(nu)-šu :* si l'on (ils) lui répand (répandent) de l'eau sur ses mains. Pour cette expression *mê nadânu,* voir par ex. Zimmern, *Ritualtafeln,* No. 75–78, l. 4.

P. 44. *tuḫḫu* (*taḫḫi* ou *ṭaḫḫi*) revient dans la fable du cheval et du bœuf que j'ai publiée *P.S.B.A.,* 1899, p. 41, l. 29. C'est l'hébreu טִיחַ, arabe طِيب, qui, de même que *sîru,* l. 2 (Del., *H.W.,* 489), rapproché à tort de סִיר épine, désigne une matière boueuse, argileuse.

P. 45. *ḫašḫûru* a été rapproché par Hommel de l'araméen חַזּוּרָא pommier, grenadier ; *zz* de *šh* serait dû à l'emprunt.

P. 48 en haut l. 8. *i-la-ab-[bi]* de לבה, Del., *H.W.,* p. 368, murmurer, gronder.

P. 49, l. 10. *šaplân* au lieu de *elân.*

P. 50, l. 24. [cuneiform] *Ú-ḪUP* est l'idéogramme de *sukkuku* "sourd," Del., *H.W.,* p. 497.

P. 51, l. 5. *rêbitu* au lieu de *sûqu rabû.*

P. 52. *tupkinu* revient dans les textes de *Labartu* (*Z.A.,* XVI, 172), l'inscription de *Mati'ilu, M.V.A.G.,* 1898, p. 232, où il faut lire *liššakin ina tup-ki-ni* (et non *um-ki-ni*) et dans K. 11793 (inédit) : *ina tup-kin-na-ti ú-lak-ki . . . .*

Lillu, aussi King, *The Seven Tablets of Creation,* Vol. I, p. 230, l. 59 : *lil-lu a-ku-u,* etc.

P. 55 lire deux fois [cuneiform].

P. 57, l. 44, voir ce qui est dit plus haut pour p. 7, l. 7. Verso, l. 9, *arantu pišû ?* au lieu de *arantu(-tú).*

P. 58, l. 11. *MU* ⦓⦓⦓ *kan* = la trentième année ; cependant "la troisième" n'est pas impossible.

9 782019 927042